黒い感情と不安沼

「消す」のではなく「いなす」方法

やまざきあつこ「鍼灸師やまざきあつこ」院長
取材・文 鳥居りんこ

まえがき

こんにちは。鍼灸師やまざきあつこです。プロスポーツトレーナーとして海外遠征に同行する仕事などをした後、神奈川県藤沢市で鍼灸院を開くことになり、延《の》べ8万人ほどの方々の施術をしてきました。

前作『女はいつも、どっかが痛い　がんばらなくてもラクになれる自律神経整えレッスン』（小学館）を上梓してから早くも3年が経《た》ちましたが、おかげさまで順調に版を重ねることができています。読者の皆様の「私だけじゃなかったんだ！」「ツラい毎日に光が射したかのよう」というお声を頂戴する度に、これまでコツコツと続けてきたことが報われたかのようで、大変ありがたく思っております。

前作は主に更年期世代の女性たちに向けて「自律神経の不調は薬でなく自分で治そう」をテーマに、心身の不調と上手に付き合っていくヒントをお伝えしましたが、今作は世代を10代から50代までと広げまして、より多くの女性の「心の悩み」にフォーカスしたものになっています。

誰にでも備わっている自己回復能力を信じて

不思議に思われるかもしれませんが、血流を改善すると体の不調だけではなく、メンタルの不調も消えていきます。なぜならば、心と体はひとつ。どちらかだけが勝手に調子を崩しているのではないからです。心の不調は必ず、体に影響しますし、逆も真なりで、体のどこかが痛いだけで心は塞《ふさ》いでいきます。この両方の調子をバランス良く保つ手助けをするのが「鍼灸《しんきゅう》の力」なのですが、私がやっているのは、あくまでもお手伝い。

心と体を心地良い状態に持って行く力はどなたにも備わっているのですが、それを少しサポートしていくというイメージでしょうか。血の流れが良くなると痛みも軽減され、酸素が体全体に行き渡るので、脳もクリアな思考になっていきます。そして徐々にではありますが、患者さんが抱える痛みや不安が軽くなっていくというしくみです（効果は人によって違いますが、多くは数回の治療で体の変化を感じるでしょう）。

このように、鍼灸はダイレクトに血流向上につながる施術ですので、心身のパワーアップには最適であると自負しています。鍼《はり》を患部に打つという施術そのものに効果があるのは当然ですが、実は、その時間が自己回復力を呼び覚ましていくので、患者さんの心に働きかける力も大きいのです。

特に不安感でいっぱいの患者さんは、施術台の上で横たわっているうちに、自分が今置かれている現状、本当の気持ち、これからどうしていきたいのかという希望……、そういうことを少しずつ、自分の中で確かめる時間を過ごすことになります。私が治すというよりも、鍼灸師である私との対話を通して、ご自身を見つめ直し、少しずつ少しずつ「こうでありたい」と願う本来の自分になる力を蓄えていくように思えるのです。

この誰にでも備わっている自己回復力には目を見張るものがあり、鍼灸師になって30年経った今でも、日々、感動しております。

生きると不安は背中合わせのセット

人間は基本、ネガティブです。不安を訴える人がごまんといるのが現実です。それは、古代より人間は生存のために危機管理能力を高めておかねばならなかったから。襲ってくる動物がいないか、崩れてくる崖はないか、ここにいて安全か、目の前にいる人物や属している集団は信用が置けるか……。

　とりわけ女性は大変でして、男性と比べて筋力も腕力もないうえに、子どもを産み育てなければなりませんから、24時間３６５日、わが身に危機センサーを付けていました。こうして「不安要素」をいち早くキャッチして、心構えをしておくという防衛本能が磨かれていったのですが、それは、時代が進み、文明が発展した今でも、女性たちに根強く受け継がれています。生きるために「不安」を感じるようにできているのです。

　しかし、「不安」はストレスですから、行き過ぎると神経は削られていきます。もちろん、月ごとのホルモンの影響もあり、臓器も複雑なので、いろんな箇所が痛くなり、不安になり、ツラさが増していくのはむしろ自然と言えるかもしれません。

　さらに、過去・現在・未来と時を刻んでいく私たちの周りには「過去のトラウマ」「自己否定」「他人への批判」「未来への漠然とした不安」が渦巻いています。しかし、常にこの４つの感情の中をウロウロしていては、心は休まりません。度が過ぎた心配は体を硬くしコリを生みますし、未来への不安は神経を沢山使うことになるので疲れ果てるんですね。他人の言動をいちいち自分事として捉《とら》えると、緊張を呼び込むので血流を悪くさせ、結果、不安が増幅されていきます。自分自身を過剰に卑下して、いじめてしまうと生きるエネルギーは枯渇します。これらを完全に消し去るのは無理ですから、私たちにできるのは「自分の丁度いい加減」を知りコントロールすることなのです。

今よりもほんの少し強くなる

確かに、社会は不平等で理不尽で弱肉強食のようです。必ずしも勝つ必要はありませんが、他人に呑《の》み込まれてもいけません。自分の人生を生き生きと生きられなくなるからですが、そうならないためには今よりもほんの少し強くならねばなりません。元気でいるには、ある程度のエネルギーが必要ですが、逆に言えば、そのエネルギーさえ手に入れられたら、他人との比較で追い詰められたり、黒感情に覆《おお》い尽くされることも減るでしょう。

そのためには、まずは自分の「性格」を理解しなければなりません。本書は様々な年代の女性たちをケーススタディとして挙げておりますが、それらを通して、自分の中にも彼女たちと同じような「考え方のクセ」がないかを見直す機会にしていただけると嬉《うれ》しいです。不調を招いているのは、自らの思考グセが原因ということも多いもの。もし、「これは私のことだ！」と感じたならば、是非、本書を参考にできそうなことから少しずつトライしてみてください。

不調は無理がたたって、疲労が限界を超えると発症します。一番先に体に出て、気付くと心も病んでいたというケースがほとんど。その対策として、鍼灸で血流を整えて体のエネルギーを上げることを一番にお勧めしますが、「心のケア」も大切です。「病は気から」という言葉のとおり、気持ちが強くなると体の調子も上向いていきます。

さあ、「今日は楽しかったな。明日も楽しいといいな♪」という日が増えることを目指して、ページをめくっていきましょう。

※著者＋編集部より

今回の事例に登場してくださった方々のお名前は「人の心は十人十色」ということで「色彩」をイメージした仮名で、しかもプライバシーの観点から少しだけ状況設定を変えております。「私も先生に救われたひとりなのでお役に立つなら喜んで」と言って掲載をＯＫしてくださいました。皆さん、ありがとうございました。

もくじ

不安編

黒い感情編

コラム　不安沼から抜け出すレッスン

不安編

不安。それはときに呪いや妬《ねた》みといった黒い感情を引き寄せる、やっかいな感情。病気ではないので明確な治療法はないし、周囲の理解や共感も得にくいから沼にハマると苦しくなります。やがて心は疲弊し、血流は悪化、体調は最悪に。心と体は一体だからです。できるだけ薬や医療に頼らずに這い出る方法はないものか――女性鍼灸師のやまざきあつこがヒントを伝えます。

#01

なんだかわからないけどいつも不安でいっぱいのあなたへ

#病気ではない　#訳もなくただ不安
#恐怖に変わる　#ムギュー

突然、胸がザワザワしたり、息苦しさを覚えたり、心当たりもなく不安感が押し寄せてくる症状があります。さくらさん（29歳）も、そのひとり。最初の発症は通勤途中の駅のホームでだったそうです。

「急に、胸がギューッて感じになって、同時にものすごい不安感が押し寄せてきたんです」

その日を境にさくらさんは頻繁に同じ症状を感じるようになったと言います。当然、さくらさんはあらゆる科をまたいで受診したそうですが、どの医療機関の結果も「医学的所見は認められない」。つまり、診断結果は「病気ではない」ということです。

さくらさんが悲痛な顔をして訴えます。

「先生！　私、病気でないなら、なんなんですか？」

さくらさんのように、今日も当院には「不安」を訴える患者さんが来られます。年齢に関係なく、それこそ学生さんから、お孫さんがおられる方まで様々。

共通点としては、これといった理由も思い当たらないのに「訳もなくただ不安」で「何かがおかしくて、とにかく変」というのが多いのです。文字にすれば、ザワザワ、ドキドキ、グワー……なのですが、その症状はどの言葉をもってしてもしっくり当てはまらないので、人に説明してもわかってもらえないというのも特徴。それゆえ、余計にひとりで抱え込みがちになるんです。

人間、理由がわかれば対処のしようがあるのですが、「漠然とした不安感」というものは本人にも理由がわかっていないことが多いので、なんだかわからないままに、その「不安」が「恐怖」に変わってしまう。「これって何?」「どうなっちゃうの、私?」って気持ちになって、やがて、得体のしれない何かに呑み込まれる感覚になっていきやすいのです。

でもね、安心してください。これには、ちゃんと理由があります。本人のみがわかっていないだけで、理由があるんです。

それは、「無理しちゃったから」。ただ、それだけ。

心と体はふたつでひとつですから、どちらかが限界を超えたら「症状」として出現します。大まかに言うならば、その原因は、次のふたつ。

●気付かぬうちに疲労が蓄積していた
●本当は嫌なのに、それを押し殺す日々が続いた

要は「疲れちゃって、キャパオーバー」。心と体の疲労という、このふたつが複雑に絡み合って、ある日突然、発症するんですね。本当は、そうなる前にご自身で気付

き、ご自分の体と心を労《いた》わってあげないといけないのですが、「症状」勃発《ぼっぱつ》は、「これ以上のやり過ぎはダメよ」という体からのメッセージ。「無理は禁物」というありがたい警告です。あなたはまず、ご自身が生身の人間だということを自覚しましょう。

「えー!? 私は全然、大丈夫なハズなんです！ 無理しているつもりはないです！」と反論したくなるでしょうが、今は生きているだけで〝不安な時代〟です。

メディアは、天変地異や大事故、バッドニュースをこれでもかというくらいに垂れ流し続けますし、毎日、「お先真っ暗」と煽《あお》ってきます。ネットを見れば、正義を振りかざす人たちの声であふれている。「空気を読む」は必須のスキルで、コスパとタイパが至上命令という日々ですから、私たちは、常に不安に追い立てられているようなものなんですね。

元々、日本人は不安遺伝子を多く持つ民族です。DNAが「ケ・セラ・セラ」とはなっていないので、ちょっとした弾みで、声にならない悲鳴を上げてしまうのは無理もないこと。この状態が、知らず知らずのうちに疲れを蓄積させます。私たちはこの空気の中で呼吸しているわけで、息をしているだけで疲れやすい状態なんですね。私たちは、こんな時代を生きていますから、ほんのちょっとの無理が心と体にダメージを与えてしまうんです。

「なんだか疲れたな」ってときのあなたの体の中は必ず、こうなっています。

脳に酸素が行き渡っていない。

不安を察知すると、それは生命の危機ですから、脳が興奮します。脳が興奮し過ぎると、自律神経が滞《とどこお》ってしまい、血流が極端に悪くなっちゃう。要は酸素不足なので疲れます。その状態が続くと「ある日、突然、不安で居ても立っても」になるんですね。

でも、ここで「私、なんだか変⁉」と気付いたのは喜ばしいことです。なぜなら、不安は憂《うれ》いに変わり、やがて絶望へと進化してしまうから。その前に、あなたの心と体を安心安全な場所に置くチャンスができてラッキー！　ということに意識を向けましょう。

「そっか、酸素不足なら、いい空気を吸えばいい！」って思考にシフトすればいいんです。

心へのアプローチの方法は、追々、語っていきますが、まずは体へのアプローチが先です。そのひとつに鍼《はり》治療があります。鍼は血流を改善し、自律神経のバランスを整えるのに非常に優れていますから、この不安感にも絶大なる効果を発揮します。効果を感じるまでには個人差はありますが、10日に一度の施術で大体、ひと月からみ月。さくらさんの場合、数回の治療で「昨夜は眠れた実感がある」「胸ザワが少なくなった」と言うまでになりました。

「めでたし！　皆、鍼治療に行ってね」ではあるのですが、できるならば、不安な症状は速攻制御。セルフコントロールができるといいですよね。

その方法がこちらです。

①　その場でまずは深呼吸。酸素を取り込むイメージで、徐々に大きく深く繰り返す（腹式呼吸だの胸式呼吸だのは考えなくてよし！）。

②　胸を軽くトントンと叩《たた》く。「大丈夫、大丈夫……」と一定のリズムで自分に声かけを。

③　それでも、恐怖心が去らない場合。クッションやタオルのようなフワフワしたものを思い切り抱きしめて。

フワフワが頬《ほお》に触れると、より安心感が増します。なければ、自分の腕で自分を抱きしめるのでもOKです。言葉かけとしては「ムギューッ」って感じ。ありったけの力で抱きしめて。そして、一気に脱力。

可能であれば、抱き枕《まくら》のような自分がもたれかかれるものに、上半身を委ねてみてください。日常生活で知らず知らずに溜《た》め込んでいる緊張が原因のことも多いので、

脱力は大事。

さあ、「ムギュー」して「だら～」。やさしくて、あったかいものに包まれるイメージを思い浮かべながら、やってみてくださいね。

不安沼から抜け出すレッスン

ぬいぐるみで癒される

先ほどの方法も不安沼からの緊急レスキューには非常に効果的なやり方ですが、「ぬいぐるみ作戦」もあり！です。

できれば、少し大きめのぬいぐるみがいいですね。その子に名前を付けてあげてください。その子はいつだってあなたの味方です。あなたが、その子を抱きしめるのと同じか、それ以上のパワーであなたを包み込むでしょう。

大丈夫、誰にも聞こえていませんから、「本日のかわいそうな私」を気が済むまで訴えて、思い切り慰めてもらってください。意外と、自分だけのぬいぐるみが最強のカウンセラーになってくれたりしますから。ものは試しで、やってみてくださいね。

#02
過剰適応のせいで いじられキャラになってしまったあなたへ

#傷付いてないフリ　#起立性調節障害
#過剰適応　#いい子

椿《つばき》さん（20歳）は、高1の夏休み明けから、学校に行けなくなってしまいました。登校しようとすると鉛のように体が動かなくなるのだと言います。

椿さんの診断名は「起立性調節障害」。簡単に言えば、血圧や心拍を調整している自律神経の機能がうまく働いてくれない症状です。横になっている状態から立とうとすると、立ちくらみやめまいを起こしやすいという特徴があります。同時に倦怠《けんたい》感や頭痛、腹痛を感じることが多いので、学校や仕事に行きたくても、具合が悪過ぎて行けないという結果に陥りがちです。夕方には回復したりもするので、理解がない人からは「怠け病」と責められることもあり、余計に悲しくなると思います。

小学校高学年から高校生くらいの、どちらかと言えば女の子が発症しやすいのですが、特に気温が上がっていく春先から夏にかけてや、梅雨や台風などの低気圧が近付くときに症状が悪化することが多いです。子どもから大人へと身体が切り替わっていく思春期は自律神経のバランスが乱れる時期ではあるのですが、遺伝や性格、さらには過剰なストレスも発症の一因であると言われています。

椿さんは病院で昇圧剤などを処方されたようですが、生活リズムを自分なりに整え、薬もきちんと飲んでいたにもかかわらず、症状に改善が見られなかったために当院に来てくださった患者さんです。

当院には、起立性調節障害の患者さんも多くおられますが（鍼灸《しんきゅう》治療は自律神経の乱れを整える効果に優れているんですよ）、私は、その中の少なくない人たちに、環境への〝過剰適応〟があるのではないかと見ています。

つまり、いい子過ぎるということです。周りに過剰に気を遣う傾向があるので、ストレス過多になり、それが自律神経を崩す要因になるのだと思うのです。特に、春は進学・クラス替え（就職・転職なども）といった環境の激変で発症リスクが増すので、要注意な時期。

椿さんの場合も、高校進学がキッカケとなりました。

「先生、私、キャラ設定を間違えちゃった……」

椿さんは、中学のときに仲間外れにあうという「イジメ」を受けていたそうです。彼女なりに原因を考えたところ、引っ込み思案な性格が「暗い」と思われたのではないか？　と自己判断したそうです。

「それで、高校では違った自分になろう！　と思って、中学の友だちが誰もいない高校に入って、高校デビューを狙《ねら》ったんです」

そこで、椿さんは根明《ねあか》でひょうきん者という自分を演出して、クラスに溶け込もうとしたらしいのです。

「でも、多分、ミスったのかな。どういうわけか、いつの間にか〝いじられキャラ〟になっちゃって……。いじりで傷付くんだけど、いじられているとき以外は、普通だったりもするんで、中学のときみたいにハブられるよりはマシだったんです。
もちろん、抵抗っていうか、いじられたら嫌な顔もしてたんですが、なんていうのか、それやると逆にいじりがひどくなったりするんですよ。それなら、もう自分が我慢すればいいだけだからって思ってたんですが、ある朝、突然、どうしても起きれなくなっちゃって、学校はそれきりって感じです……」

キャラ設定のミス……。私も元教員なので、椿さんの話す内容は手に取るように理解できるつもりです。そもそも、無理をしてまで自分を作る必要はなく、そのままの自分でいればいいはずなのに、子どもたちはまるでアニメのキャラクターのごとくに、自分にも他人にもキャラを当てはめて学校生活を送りがちです。しかも、一度、そのキャラが周知されてしまうと、そこからは抜け出せないのです。そのキャラと自分自身に開きがなければ、問題ないのでしょうが、椿さんのように、元々の自分と乖離《かいり》していたり、望まない役割を強いられていたら、心は壊れてしまいます。子どもたちだけでなく、大人であっても、その違和感に苦しんでいる人は大勢いるのではないかと想像しています。

ただ、大人になれば、ある程度は「嫌な目にあってまで、友人と名乗る人と一緒にいなくてもよくない？」と考えられますし、さらには、もう一段、進んでいくと「おひとり様、最高！」と満足できる暮らしをすることも可能になるのですが、学校時代は「友だちがすべて」という傾向があるので、椿さんのように心のバランスを崩して、ひどい症状を招くのは無理もないことなんですね。

起立性調節障害の具体的な治療法としては、鍼灸院であれば鍼灸と共にマッサージを行いながら血流を促す。水分・塩分を少し多めに摂取し、ゆっくりと立ち上がるなどの動作に気を付けてもらう。さらに昼夜が逆転しない生活リズムを作るということが大切になるので、日々、これらをコツコツと実行していただくようにしています。

そして、先述したように「性格的」なことも大いに関係しますので、これも改善ポイント。思春期病とも言える起立性調節障害だけではなく、自律神経の乱れが原因で不調に陥っている場合に、メンタル面から不調を脱する4つの方法をお勧めします。

①　気付く
②　認める
③　蓄える
④　共存する

まずは①の「気付き」ですが、不調を自覚することはとても大事です。「だるい」「お腹《なか》が痛い」などの不調は身体の声なのですから、素直に耳を傾けましょう。「今日も起きられなかった」と憂えるのではなく、「起きられないほどに具合が悪くなっている自分」に「気付く」ということです。人間の体は痛みやしんどさを感じることによって、危険信号の点滅を知らせ、大事になる前に治癒させようとするのですが、現代社会は忙し過ぎるせいで、体の声を無視することが多いんですね。体は眠りを要求しているのに、それに気付かず、あるいはスルーして、深夜まで起きているなどは

「あるある」です。不調を感じて、はじめて「体を痛めつけてしまった」ことに「気付く」のですが、「気付き」はとても良いこと。

「あ！　私、疲れてる！」と気付くこと。快調になるためのスタートは、ここです。


そして、②の「認める」。「体が重だるくて動けない」ならば、「情けない」「なんで私がこんな目に？」と嘆くよりも先に、ご自身の今の体調を認めてあげてください。

「ああ、ここが痛いなぁ」という具合に、自分の体と向き合ってみるというイメージですね。


椿さんのように不調の原因を自分なりに分析してみるのも良いことです。もし、思い当たる原因がメンタルにあるならば、起こった出来事を、まずはそのまま認めましょう。「アイツの言動がツラかった」「これが嫌で限界だった」など、自分の素直な気持ちをあなた自身が理解してあげることが大切。

「認める」とは、起こった出来事の善《よ》し悪《あ》しをジャッジせずに、「なるほど、こうだったから、こうなったのか」というような流れを自分なりに理解するということです。

「よくわからないけどいつも具合が悪い」「気力が湧《わ》かない」という漠然とした「不安

感」を抱えるよりも、自分の性格の傾向を大まかでいいので分析してみると、立ち直るための心強い杖《つえ》になりますよ。「ああ、自分にはこういう傾向があって、今、こうなっているな」と感じることは、対策を立てるための準備になるので、やってみて損はないのです。

そして、ゆっくりでいいので、気力回復のために③のエナジーチャージをする方法を考えましょう。椿さんは、体からの要望で強制的な休養命令が出たのですが、休養はエネルギーを蓄える一番の方法です。なぜなら、人間は、元々、じっとしていることが苦手な生き物だから。気力がみなぎってくれば、誰でも、その人が望むような動き方をしたくなるようにできているのです。意外と、「今はゆっくりと休む時期だから、休む！」と開き直ったほうが、気力の戻りは早かったりします。もし、「休めない」ならば、心のダメージを別の何かで癒してあげる、あるいは「回復したら、やりたいこと」のリスト作りなどをしてみるのも効果的です。

皆さん、基本は真面目な方ばかりなので、色々と解決策を模索なさいます。そして、大抵の場合、回復していくので大丈夫なんですね。でも、「心のクセ」はしぶとくて、性格改革はしにくいので、これから先も、生きるに当たって、「傷付いていないフリ」をして、ボロボロになってしまうこともあるかと思います。もし、メンタルダウンからの体調不良に襲われたならば、④のこのクセとの「共存する」を思い出してください。「あ〜、また、やっちゃった！」ってね。「しゃーない、これも自分だから、これを抱えて生きていけばいい」と思えばいいんです。ただ、ここまで来たあなたはもう学んでいるはずです。キャラ設定は創作物の中だけで十分。「自分の気持ちを偽ったら、生きるのがしんどくなる」ってね。

椿さんは施術台の上で、薄皮を剝《は》がすがごとく、ゆっくりと、自己分析をしていき、その解決法を模索していたように見えました。

やがて、椿さんは高卒認定試験を受け、大学に入学。その頃《ころ》には、年齢的に思春期を脱したせいもあったかと思いますが、体調も落ち着き、当院にはメンテナンスに来るだけという状態まで回復しました。

その椿さんが、先日、こんなことを言っていました。

「先生、本当の私は自己主張が苦手ですし、人と自分を比べてしまうんです。だから、それを見抜かれまいと、何を言われてもヘラヘラと笑ってやり過ごしてきたんだと思います。それが、傷付かないための唯一の防具のように思っていたんですよね。ひとりでいるのが嫌なのではなく、ひとりだと思われる自分が嫌だったのかな？　でも、思ったんですよ。嫌な思いをしてまで、誰かと一緒にはいたくない！　って。それならば、むしろひとりで、自分の興味のある世界を広げよう！　って、吹っ切れたんです。そう思えるようになったら、肩の力が抜けたんですかね、すごく生きやすくなりました」

椿さんは、大学の教室でひとり「推しの本」を読んでいたことがキッカケで、話しかけてくれた子と友だちになり、その縁で、仲間が仲間を呼び、心地良い友人関係が広がったと言います。今は、椿さん曰《いわ》く〝失われた中高時代〟を取り戻す勢いで大学生活を楽しんでいるそうです。

不安沼から抜け出すレッスン

プチ旅に出かけてみる

先日、お花畑を見に行ったのですが、様々な年代の女性たちが、それぞれの推しと思しきアクリルスタンドを持って、花々を背景に撮影している姿に遭遇しました。近頃では、推しグッズと共にプチ旅に出向く人も多いそうで、「ソロ活女子」という単語も定着しました。

思い切って出かけてみると、ひとりにはひとりの良さがあることに気付いて「意外と悪くない！」と思うもの。今度のお休みの日、もし晴れていたら、フォトグラファーになったつもりでスマホを持って遠足に行ってみませんか。ときには「非日常」を味わって、いつもとは違う景色を楽しむと、見知らぬ街の空気が「いらっしゃい、よく来たね！」とささやいてくれるかもしれませんよ。もちろん、血流改善にも効果的ですし、何より、あなた自身に「なんでもできる！」という自信の一歩を与えてくれるでしょう。

#03

不安との戦いに勝つために今夜も検索の鬼と化すあなたへ

#スマホ　#答えは見つからない　#睡眠不足
#12時の鐘が鳴る前に

私たちの不安を煽る行為のひとつに「検索」があります。今はスマホがあれば、わからないことも一発回答という時代。画面の中は〝専門家〟であふれていますから、頼りたくなるのも無理はありません。けれども、その行為が〝不安沼〟にハマり込むキッカケと化すことがあるのです。

高校生のときに実のお母さんをがんで亡くした桃子《ももこ》さん（当時39歳）の話をしましょう。桃子さんの胸には今でも消えない寂寥《せきりょう》感があるそうですが、もうひとつ、心に重くのしかかって離れない思いがあると言います。

「母が逝《い》った40歳で自分の命も尽きるに違いない」

母を亡くした高校生のときから抱えてきた不安は、「40歳」という数字が近付くにつれ、時限爆弾となって桃子さんの心でカウントダウンするかのようでした。

それゆえ、どこか体に痛みを感じただけでも検索しまくり、「病気か否か」を確認するクセが常習化。毎日、途方もない時間を「検索」に費やしていると言います。これは「病への不安」がなせるわざなのですが、当人も困っているようです。

「例えば、口内炎だけでも『口腔がん⁉』って思って検索しちゃうんです。こないだは『心臓が痛い』で検索しまくり、疲れ果てました」

疲れるのは当たり前で、ネットでは安易に答えは見つからないでしょうし、見つけたように思っても、それが果たして正解かどうかもわからない。疑心暗鬼のループは逆に止まらなくなります。

桃子さんへの正攻法のアドバイスとしては「病院で検査をしてもらおう！」なのですが、桃子さんだけではなく、当院にいらっしゃる大抵の患者さんは、すでに何か所かの病院に行かれて「問題ない！」とのお墨付きを得ています。

「『問題ない』なら、なんで不調が続くの？」とお悩みなんです。

不調というのは、体と心が影響し合い、どちらかがオーバーワークになった場合に突然、〝症状〟となって現れるので、大変、やっかいなんです。

桃子さんのケースで言えば、心の奥底に「母の死」が幾層にもなって沈殿しており、それが漠然とした「恐怖」を生み出しているのだと推測されます。

「死への不安」は人間であれば誰しもが感じるものです。しかし、私たちは「（死について）考えないフリ」をして生きているようなところがありますから、それが強いか弱いかだけの差とも言えるでしょう。

「不調にイチイチ怯《おび》えてしまい、自分でも馬鹿みたいです……」

と言う桃子さんですが、私は馬鹿だとは思いません。多くの人がハマりがちな検索例には「病」だけでなく、自分や自分の会社などに関するエゴサーチ、さらには「寂しい」「疲れた」などという〝感情〟もあります。

人生はある意味においては「不安との戦い」です。安らぎや安心感を求めようと、人はアレコレやりながら、人生の多大なエネルギーと時間を費やしている動物ですが、今は〝魔法の道具〟がある時代。ふとした拍子に不安の芽を見つけると、検索窓にそのワードを打ち込んでしまうのは「あるある」です。深刻度の差はあれど、やっていない人を探すほうが難しいのではないでしょうか。

つまり、私たちは簡単に「答え」を見つけられる恩恵を得る代わりに、この沼にハマる危険も手に入れてしまったわけです。しかし、これはもう仕方ないことだと思います。なぜなら、スマホがない時代にはもう戻れないのですから。

問題は、その行為が始まるのは大抵夜で、ハマると明け方まで続くということ。睡眠不足はダイレクトに自律神経のバランスを崩します。不安があるから、スマホに頼るのですが、それは迷路への入口になりやすいので、出口が見つからず、余計に不安を煽られ、結果、眠れなくなります。そうなると、ますます不調に陥るという負のサイクルができ上がります。

残念なことに、検索サーフィンは放っておくとひどくなる傾向があります。であるならば、提案です。検索は「今日が終わるまで」に済ませること。私が思うに「検索」は、仕事帰りに寄る本屋さんでの立ち読みのようなものです。立ち読みも結構ですが（いや著者としてはその後に購入して欲しいのですが　笑）、帰る時間は決めたほうがいいです。遅くとも12時の鐘が鳴る前に〝魔法の道具〟は、そっとベッドサイドに置きましょう。

そうそう、忘れていました。桃子さんのその後です。

先日、彼女は無事に41歳になりました。当日まで「検索の鬼」と化していた桃子さんですが、不思議なことに誕生日以降、その頻度が劇的に減ったそうです。

「自分でもうまく説明できませんが、これからは母が生きられなかった人生を歩く責任があるというか……。とにかく、生きていることに感謝しないといけないって思っています」

この1年ほど、桃子さんは0時前には布団に入り、早朝にジョギングする生活をしているといいます。

朝の光は自律神経を整えるには最高の薬。桃子さんが当院を卒業する日も近いことでしょう。

カモミールティーを飲む

眠れない夜はアレコレ余計なことを考えてしまいますよね。そんなときは、1杯のカモミールティーが効きますよ。ノンカフェインのカモミールティーは睡眠促進作用があることで知られています。不安な気持ちを落ち着かせてくれて、眠気をもたらしてくれる働きがあるんです。ただし、カモミールはキク科のハーブ。ブタクサなどの花粉アレルギーがある方は気を付けてくださいね。

体に合っている方は、リラックス効果以外にも胃腸障害や冷え性、生理痛の改善、また美肌効果も期待できると言われる優れものですから、お試しを。

お湯を注いで、茶葉から成分がじんわりと溶け出す様を見守る時間も、また贅沢なもの。
「今日も1日頑張った私、お疲れ！」と自分の心身をねぎらいながら、眠りにつく準備をしましょう。

#04

「断らなければ感謝される」の呪《のろ》いにとらわれるあなたへ

#断れない人　#嫌われたくない　#承認欲求
#理由は要らない

「断れない人」というのがいます。相手が強引過ぎるとか、断った後の気まずい空気が苦手だとか、嫌われたくないとか、理由は色々あると思います。それで、ついつい押し付けられたという結果に陥りがちなんですが、問題は「その後の気持ち」。

結果的にせよ「断らない」ということは、相手からのなんらかの頼み事を承諾しているのですが、これが困ったもので、大抵の場合「良かった！　断らなくて」にはならないものです。それも、引き受けて時間が経ってから後悔することのほうが多いので、余計やっかい。人間、やっぱり自分の気持ちには嘘《うそ》はつけないので、渋々承服した（または、させられた）物事は、徐々に、負担になっていくんですね。

昔から強引な誘いに弱いという若葉《わかば》さん（36歳）が、自虐気味に語り始めます。

「先生、またやっちゃいました、私……。実は、昨年、マンションを買って引っ越したんです。でも、夫は朝から晩まで仕事なので、幼児の世話は相変わらずワンオペです。それは仕方ないことですが、新しい土地で友だちもいなくて、とにかく誰でもいいから大人と話したかったんです」

そんなある日、若葉さんにご近所ママから「ホームパーティー」への招待があったそうです。

「子どもと一緒にうかがってもいいってことだったので、もう本当に嬉しくて。それで2回ほど、そのお宅でお茶をご馳走になりました。3回目にお呼ばれしたとき、『今日は友だちも呼んでいるから、ご一緒にお茶しましょ』と言われたんです。結論を言っちゃうと、日用品購入の勧誘で、いわゆるネットワークビジネスの会でした」

若葉さんは「良い製品だから」「みんな、使っている」、でも「会員にならなければ割引は使えない」などと迫られたと言います。

「招待されていた人は次々とそこの製品を購入していくので、断りにくくなってしまい、渋々、ひとつだけ買ったんです。確かに良い物かもしれませんが、私には高価過ぎです。また来月もそのお茶会に呼ばれているんですが、同じマンションの人で子どもも同学年。どうやって断ろうって考えただけで、お腹が痛くなってトイレに駆け込む日が続いているんです」

若葉さんが「また、やっちゃった」と言ったのには訳があって、以前にも同じようなことがあったからです。前の住まいで、若葉さんはご近所ママたちからの誘いで生協の班の共同購入に加入。自ら進んでというよりは「子どもが小さいうちは宅配が便利」「共同購入なら配送料が無料」などという言葉で、半ば強引に仲間にされたという経緯があるのです。

しかし、そのうちにメンバーがひとり、ふたりとやめていき「班から抜けたい」とは余計に言い出しにくくなったと言います。脱退者をそれ以上出すと班が維持できなくなる規約があったのが大きかったようですが、その他にも、不在の人の冷凍品を預かっておくのが徐々にストレスになっていたそうです。けれども、その頃には班長になっていた若葉さん。モヤモヤを抱え込むうちに胃腸の具合は絶不調に。そういう事情で、当院にいらしたことがあるのです。

若葉さんがため息をつきます。

「そうですよね、あの生協事件のときと同じですね……。あのときは、引っ越しがあったので、強制終了ができたんですが、また、同じことが起きてしまい、本当に落ち込みます」

もちろん、一番いい方法は、気が進まないのならばキッパリと断ることです。それができたら、どんなにラクかと思われるでしょうが、これは考え方の問題。いわゆる〝思考のクセ〟というものです。

断れない人に理由を尋ねると、「断ると人間関係にヒビが入る」「マイナスな印象を持たれたくない」と、答えることが多いです。

さらに突っ込んで聞くと、心の奥底に「人から嫌われたくない」「周りに認められたい」という心理が見え隠れするのです。

人からの頼み事を引き受けることで、相手からの感謝を引き出す。それが承認欲求を満たすツールとなっている面もあるのでしょう。

「断れない人」に共通しているのは「YES／NO」を伝えるのに、ある種の〝恐れ〟を持っていることです。成育歴の中で、自分の意見を無視された、嘲笑《ちょうしょう》された、あるいは叱責《しっせき》されたという出来事があり、そのショックが心の奥底に嫌な記憶として定着しているように感じることは少なくありません。深層心理の中に「断ったら、愛されない」という不安があるのだと思います。

これに上乗せして「相手の意見に迎合する」というカードを使ってその場が丸く収

まったという〝成功体験〟を得ることで、「自分の意思よりも他人の意思」を優先したほうがわが身の傷が浅い、あるいはメリットがあると学習した人が多いように見受けられるのです。

「YES／NO」を毅然《きぜん》と伝えるのは、ある意味、勇気が要ることです。しかも、これは、幼い頃からの習慣付けも影響します。何かを目の前に出されて「ノーサンキュー」という選択肢があるということを知らない、あるいは使うことを許されなかった場合、「断る」という意思表示に罪悪感を持ちやすいのですが、もし、そのせいでしんどくなるのであれば、ここは〝思考のクセ〟を見直すチャンスです。

「断る」ことは、その人を「否定」しているのではない、という事実に気付いてください。「NG」を伝えるのは、相手の人格を否定しているのではなく、あくまで、こちらの都合を伝えているだけです。

例えば、鍼灸院で次回の予定を入れるとしましょう。鍼灸師が「○月○日の○時はいかがですか？」とうかがったとして、患者さんの予定が合わなかった場合、その人は「その日は無理です」と断りますよね。そこで「せっかく候補日を挙げたのに！予定を合わせないとは何事か！」となる鍼灸師はいません。患者さん側も予定を無理くり動かすよりも、お互いの予定が合う日に予約を入れれば済む話。鍼灸院だけでなく、病院、美容院、仕事関係の打ち合わせ、友人との飲み会など、日常生活の中で「都合が悪い」というNGを伝える場面は多いと思います。これに罪悪感を持つ必要があるでしょうか。

自分にとって都合が付かないことは、最初に相手に正直に伝えておくほうが物事はスムーズに回っていくものです。何かを勧められた場合の対応も基本的にはこれと同じです。

しかも、断る理由は要らないんですね。鍼灸院の予約の例で考えるとわかりやすいかもしれません。「その日は○があって○だから○で来れません」という理由は必要なく、必要なのは「その日時でOKか？　NGか？」だけです。

先の若葉さんのネットワークビジネスの勧誘であれば、短く「私は要らないので失礼します」とだけ伝えて、サッサとおいとますればいいのです。

理由を言えば、勧誘者はあらゆるロジックを用いて、翻意させようと説得してくるでしょうから。それが相手側のビジネスであるならば、なおさら相手は必死になります。でもね、そういう方々は断られるのも慣れているものです。ここは考え過ぎず、明るく「ノーサンキュー！」でいいと思いますよ。嫌ならば断りましょう。

〝心のクセ〟をやめるのはなかなかに大変なことです。「断れない自分」がいるという自覚があるのであれば、人と付き合う際は常に意識しておくことが大切です。

他人は言いやすく、押し付けやすい人に要求してくるものです。押し付けられやすい性格だとわかっているのであれば、「1回目のお願い事は許容するが2回目は断る」、あらかじめ断りの文言のシミュレーションをしておくなど、自分なりの人付き合いのルールを決めておきましょう。その意識が、断れない弱い自分を守る方法のひとつでもあるのです。

NO!
みかん

好きな歌を歌う

ストレス解消にお気軽・お手軽にできるのが歌うこと。エンドルフィン・ドーパミン・セロトニンといった「幸せホルモン」が分泌されるので陽気に元気になれます。脳全体が活性化されるだけじゃなく、血液循環も促進され、新陳代謝も良くなるんですよ。よって自律神経のバランスも整うので、免疫力もアップ。血行が良くなりますから、冷え性改善にも効果的です。腹式呼吸を意識すれば、腹筋や横隔膜が鍛えられ、胃腸にも刺激が入ります。この腹筋運動によって腰痛も緩和されます。

さらに1曲当たり約10キロカロリーが消費されるので、沢山歌えばダイエットにも効果あり！

まだあります。大きく口を開けて歌えば、小顔効果が期待できるエクササイズにもなるという特典付き。カラオケに行かなくても、部屋で好きな曲を歌うだけ。この際、うまい下手なんて、どうでも良し。歌の世界観にドップリと浸りながら、無心になりましょう。

#05

過去の失敗・失態がトラウマ化して未来が怖いあなたへ

#外出プレッシャー　#自律神経を攻撃
#テニスプレーヤー　#大きな声

朱美《あけみ》さん（50歳）が不安そうな顔で施術室に入ってきました。聞けば、近々、友人と日帰り旅に行く予定があるのだそうです。

「もちろん、楽しみだし、楽しみたいんです。でも、不安のほうが大きくて、その日が近付いてくるのが怖いんです」と涙目で訴えます。

この仲良し旅は次回で3回目とのことですが、1回目は温泉入浴後、気分が悪くなり嘔吐《おうと》。ランチはキャンセルしたそうです。友人の「誰だって体調が悪い日はある！」という言葉に救われ、2回目の旅を実施したところ、頭痛がひどくなり、途中リタイア。そして今回、友人がリベンジと称し3回目を企画してくれたようですが、朱美さんの頭の中は「3回目も体調が悪くなったらどうしよう⁉」という不安でいっぱいです。

これ以上、友人に迷惑をかけるのも嫌。体調が悪くなるのも嫌。けれども「2度あることは3度ある」になるのではないか？　と、怯えています。

朱美さんが語るには、このような現象は40代後半から増えてきたとのこと。旅先で体調を崩す、大切な行事の日に限って下痢をする……などが続き、外出プレッシャーのようなものがあると言います。

女性は月経があるので、ホルモンバランスが崩れやすいのですが、更年期を迎えるに従い、体の不調は増える傾向にあります。大病というわけではないので、皆さん、自力でなんとかしようと頑張るのですが、体の不調はメンタルにダイレクトに響くため、自信を失いやすいのです。このような状況が増えていくと、他人から見たら「よくあること」で済まされる出来事も、本人にとっては「重大な過失」に進化しがち。

しかも、朱美さんは夫からも「また、いつもの行事病？」と揶揄《やゆ》されていると言います。

この症状で一番悩んでいるのは朱美さんであり、一番悲しんでいるのは朱美さんです。しかし、夫の「何気ない感想」は「なんでもないこと」を「病がある」かのように錯覚させるに十分な破壊力を持つもの。朱美さんの現状は「まだ起きてもない未来」に怯えているとも言えます。

実は、体調も含めて未来のことを心配してしまう裏には、必ず「過去の学習」があるのです。過去、嫌だと思った出来事、あるいは失態をおかしたという記憶は、不意打ちのように一瞬にして蘇《よみがえ》り、自律神経を攻撃します。攻撃を認知した神経は緊張しますし、心は危険回避のために、逆にその記憶に集中してしまうのです。これでうまく逃れられるならばいいのですが、得てして不安は的中。これが繰り返されると、その出来事が「トラウマ化」してしまう危険性が出てきます。これが問題なのです。

記憶を「トラウマ化」させないためには、「意識」を「エネルギー」に変える方法があります。意識に怯えるのではなく、エネルギーで打ち負かすイメージです。

皆さんも、試合中のプロテニスプレーヤーが自分のミスに対して、大きな声を出しているシーンを見たことがあるかと思います。これは、大声を出すことによってイライラを吐き出し、ミスに対するマイナス感情を制御して、次の一球だけに集中しようとしているため。失敗の記憶を即座に消し去る「起爆剤」が大声なのですが、これが参考になります。

人間の体は危険を察知しただけで固まってしまいますが、これを意図的に変えます。つまり「切り替え」の練習をしましょう。

人間は元々、そんなに器用にはできておらず、厳密に言えば、脳内で同時に物事を考えることは無理です。それゆえ、朱美さんのように「また、なるかも！」という思いにとらわれると、脳に他のことを考えるスペースが生まれないのです。逆に言えば、その瞬間に素早く他のことを考えれば、先に考えていたことは脳から押し出されます。

これには、よりパワーがある別のプレッシャーを感じることが有効であったりします。体にアプローチするのならば、走る、踊る、大声で歌うなどが効果的です。速い動きは邪念を追い払ってくれるんですね。心にアプローチするならば、仕事に集中する、数独やジグソーパズルに熱中するなど、脳内に「心配」を入れないように、別のことで満杯にするようにトライしてみてください。

そして最も大切なのは「そうなったら、どうしよう？」と思いそうになる気持ちをこらえて、心配な出来事に対していいイメージを持つこと。同時に「なってもなんとかなるし、そうはならない！」と強く念じることです。

私に言わせれば、誰だって人生は失態の連続です。失敗は日々、アップデートされているようなものです。しかし、だからと言って過去の失敗に呑み込まれる生き方はもったいない。トラウマの種は毎日発芽しますが、それを大事に育てる必要はありません。

後日、来院した朱美さんは笑顔でした。旅先でのランチを美味しそうに食べる姿をイメトレしたことが役立ち、プチ旅を楽しむことができたそうです。

#06

努力とは無関係の理由であきらめなければならないあなたへ

#私のキャリア　#二択　#文章化　#執着

お腹の赤ちゃんが逆子とのことで来院されて以来、定期的に来てくださったのが萌《もえ》美《み》さん（当時35歳）でした。鍼はどちらかと言えば年配の方に効くイメージがあるかもしれませんが、逆子はもちろん、赤ちゃんの夜泣きにも効きます。実際、当院にも赤ちゃんから90代まで幅広い年齢の方がおいでです。

やがて、萌美さんは逆子もなおり、自然分娩《ぶんべん》で元気な赤ちゃんを産み、そのまま産休に入られましたが、そろそろ仕事復帰という時期を迎えました。ところが、そこにきて大きな悩みが発生したのです。

「先生、夫の海外赴任が決まりました。最低でも5年は戻れなそうです」

夫は家族は一緒にいるべきという意見で、当然、妻子は自分に帯同するだろうと思い込んでいると言います。一方で萌美さんの心は揺れ動いている様子。萌美さんは今の会社に入るために大変な努力をされたようで、いわゆる〝バリキャリ〟に当たります。できれば、この仕事を一生続けていきたいと考え、そのために妊娠出産も周囲の状況を慎重に見極めながら実行に移したとのことです。

「もし、ここで会社を辞めたら私のキャリアは終わりです。日進月歩の業界ですので、同業他社であっても、帰国してからでは浦島太郎状態。数年、無職だった者に仕事をくれるほど甘くはないでしょう。夫に単身赴任をしてもらうことも考えましたが、そうなると育児は完全ワンオペです。お互いの実家に頼れる環境ではないので、保育園とシッターさんを駆使して子育てするしかありません。それに、私にも家族は一緒にという思いもあり、どっちに転んでも後悔しそうで怖いんです……」

夫が職を辞して主夫になるということはあり得ず、選択肢としては萌美さんが会社を辞めて夫の赴任先に赤ちゃんと一緒に行く、会社を辞めずに夫は単身赴任という二択しかないと言います。

「先生、女ってフルコースを味わうのは許されないんですかね？　私の人生、なんかいつも、さあ、これから！　ってときに限ってうまくいかないんです」と涙ぐむ萌美さんです。

よく話に聞くのが、男女雇用機会均等法が施行される前は、女性の多くが「仕事か結婚か」の二択を強いられ、その次の世代は「仕事か育児か」を迫られたというケース。今は「仕事も育児も」を両立して頑張ることもできるようにはなっていますが（それはそれで厳しいですが）、萌美さんのように、子どもを産んでもバリバリと外で働きたい、仕事で自己実現をしたいと努力を重ねてきた女性には、まだまだ社会の見えない壁が、そこかしこに立ちはだかっているということでしょう。

結局、萌美さんは悩んだ挙句、会社に辞表を提出し、家族で海外に向かいました。

「会社には産休まで取らせてもらったのに、なんのご恩返しもできずで心苦しかった」と萌美さんがまたしても涙を見せたことが印象に残っています。

私は思うんですよね。人生が思いどおりにならないのは誰しも同じ。特に、自分のせいではない部分でこれまでの努力もそれに懸けた思いも含め、それこそ何もかもを否定されたような気持ちになったときには、そのやるせなさは筆舌に尽くしがたいものがあると思います。でもね、ここで「どう考えるか」が実は大事なんじゃないかなって。

人間って、ひとつ手放せば、ひとつ手に入るようになっていると思うんですね。だって手は2本しかないから。手放したものがあるからこそ、また別のものをつかめるという幸せがあるのではないでしょうか。

もし、不安や悩みがあるならば、まずは自分と対話してみましょう。怖くてもツラくても、自分の気持ちと向き合うことでしか解決できません。モヤモヤしているならば、その気持ちを文章化してみることです。そして、本当はどうしたいのかを考えてみてください。堂々巡りになったなら、もうひとりの自分に「なんとかなるから！」と励ましてもらう。その瞬間に「エイヤッ！」と思い切って進むのもひとつの道です。

実は、いいことも悪いことも、元を突き詰めていけば、全部、自分が創り出している産物です。すべてを手に入れることを願うのを執着ともいいます。人生にはプライオリティも大事。どうしても譲れないことだけをしっかりとつかんでおけばそれでいいとも言えます。

海外生活2年目に入って育児も落ち着いてきた萌美さんは、なんと彼《か》の地で大学生となり、ＭＢＡ取得に向け猛勉強中だそうです。

「先生、捨てる神あれば拾う神ありじゃないですが、ここでの暮らしも気に入っています。おかげさまで、私が私である限り、どこに行っても大丈夫っていう変な自信が付きました。今度、一時帰国するので、色々聞いてください」とのこと。

嫌だな、ツラいなと思っていることが、何かを手放し、何かをつかむためのキッカケになることも意外と多いものです。

きたよー

不安沼から抜け出すレッスン

窓を開けてみる

朝、起きたら、とりあえず窓を開けましょう。もちろん換気の意味もありますが、新鮮な空気の中で呼吸すると、それだけで脳の働きは活性化。気分もスッキリさわやかになり、自然と活動モードに入ります。ついでにお日様の恵みも頂戴しましょう。陽の光を部屋に取り込むと、体は通称「太陽のビタミン」であるビタミンDを作り始めます。カルシウムの吸収を助ける栄養素ですので、骨を強くすると共に免疫力も高めてくれます。陽の光は体内時計の調整もしてくれるので、朝の太陽を拝むだけでも、夜グッスリと眠れるようになりますよ。

その他にも効用が。窓を開けることは、心の頑《かたく》なな扉を開ける行為にもつながります。素直な心になって「おはよう、私の新しい1日！」と朝に告げましょう。楽しい1日は自分への言葉かけから始まります。

#07

どこに行ってもいじめられ、人間関係で躓《つまず》くと嘆くあなたへ

#思い込み　#勝手な妄想　#不機嫌ハラスメント
#悪い未来を占うクセ　#楽しみます！

紅子《べにこ》さん（32歳）は、体中のコリが激しくて、頭痛がしない日はないという症状で来院されました。もちろん、様々な検査をしても疾患なし。しかし、だからと言って頭痛やコリが消えるわけもなく、それこそ毎日のように鎮痛剤を飲んでいたそうです。

人間、体がしんどいときは、大抵、心も疲れ切っています。ストレスフルで限界だというときは、まず先に体が反応して、やや遅れがちに心までもが疲れていることに気付くケースがほとんどです。紅子さんの具合の悪さの背景にも、心の疲れが見て取れました。

紅子さんの悩みは、仕事が長続きせず、転職を繰り返してしまうこと。どこに行っても、いじめられ、人間関係で躓いてしまうと訴えます。

紅子さんは真面目な人ですから、職場では一生懸命に頑張っていたと思われます。でも、ふとした瞬間に先輩社員や同僚からの〝圧〟を感じてしまうのだとか。面と向かって何を言われるわけでもないのに、雰囲気で察してしまうのだそうです。

「え？　私、やっぱり、嫌われている？」

一瞬でも、そう思ってしまうと、その考えから抜け出せなくなり、「さっきの先輩の態度は絶対そうだ……」に変わり、たちまちフリーズ。そうこうしているうちに居づらくなって退職。そのループが続いたため、やっとの思いで再就職したのに「どうせ、また嫌われるに違いない」との思いが抜けずに、最近では、朝起きた瞬間から頭痛が始まり、日常生活すらままならないとツラそうです。

「先生、私、好かれたいわけじゃないんです。ただ嫌われたくないだけなのに……。

なんで、いつも、こうなっちゃうのかな……」と紅子さんが呟《つぶや》きます。

そうですよね。「嫌われたくない」という思いは誰しもが持つもの。何も紅子さんに限った話じゃありません。なぜなら、これは、人間のＤＮＡに組み込まれているものだから。古代人は食糧調達のためにも自衛のためにも、群れで生活しなければ生きてはいけませんでした。すなわち、孤立は死を意味していたんですね。

特に女性は、腕力も体力も心もとないので、周囲の人たちと連帯することで生き延びてきた生き物です。ですから、本能的に「嫌われない（と予想される）言動」を選ぶ傾向が強いんです。よほどの強心臓の持ち主でない限りは「嫌われ上等！」とはいきません。でもね、過剰な「嫌われたくない！」という気持ちには、やはりストッパーが必要です。

紅子さんのような悩みを持つ人にお会いすると、教員時代を思い出します。私には昔、学校の先生として中学生を相手に、毎日、奮闘していた時代があるのです。

中学生って多感な時期なので、誰しもが他人のことがやたらと気になる年代。しかも、そこは教室という名の閉鎖空間です。とりわけ女子は、お約束のように人間関係で揉《も》め出します。そこで、私は元気がない生徒からじっくりと話を聞くようにしていました。すると、彼女たちは高確率で「仲間外れにされた」「無視された」と訴えるんですね。

私は、そういうときは必ず、それが「事実か」「事実じゃないか」という確認をしていたのですが、意外とあるのが「思い込み」。つまり「あの子が私を無視したような気がする」「あの子は私のことが嫌いに違いない」という〝妄想〟です。

人は自分を嫌っている人物に近付きたくはありませんから、そう感じた瞬間、心にバリアを張り巡らせるんですね。そうなると目に見えない拒否のバリアは相手にも伝わります。

最初は、あなたを無視した記憶もない、ましてや仲間外れにしようと積極的に動く気もなかった〝あの子〟も次第に見えないバリアによって、距離を取り始めるというようなことが実際、数多く起こっていました。いわば、鶏と卵のようなもので、どちらが先という明確な区分けはないに等しく、双方の勝手な思い込みによることも多かったように記憶しています。

しかも、不思議なことに「嫌われているに違いない」というオドオドとした様子が、「私は嫌われやすい人間です」という雰囲気を醸し出すこともなきにしもあらず。悲しいことに、閉じた空間では、その態度が「嫌われやすい人」から「嫌ってもいい人」という空気を生み出し、伝染させることにつながりかねないのです。

誰に対しても「嫌われたら、どうしよう！」と心の中でビクついている人は、他人の不機嫌に敏感です。

一例を挙げてみます。誰かが自分に嫌な態度を取ったと感じたとしましょう。すると心のセンサーはただちに反応。「危険アラーム」が鳴り響きます。

そして、とりあえずでも危険回避ができた後は、「嫌な態度を取られる私は、やっぱり、皆から嫌われている……」という凹《へこ》みモードに突入しがちになるのです。

もし、このモードに入ったら、分けて考える練習をしてみてください。事実と妄想をきちんと分けるのです。

「相手が嫌な態度を取った（気がする）」→これが、目で見た事実。
「私のことを嫌っているに違いない」→これは、自分の勝手な妄想。

嫌な態度に見えた人は、単に虫の居所が悪かっただけかもしれませんし、きょうび、「不機嫌ハラスメント」という言葉があるように、あなたの問題ではなく、その人個人の問題の可能性もあります。その人にとってはイライラをぶつけるキッカケがあればなんでもいい。極端な話、相手はあなたでも、道にある石ころでも構わないってこともあります。自分とは関係ないところで勝手に不機嫌になっている人の被害者になるのはウンザリするでしょうが、他人の機嫌の善し悪しにイチイチ反応していたら、身が持ちません。体がガチガチに緊張しちゃうので、血が行き渡らず、酸素不足になっちゃいますよ。

まずは、他人の顔色を窺《うかが》うクセをちょっとずつ少なくしていくことが大切です。なぜなら、意味がないことだから。

言い切ってしまいますが、「嫌われない人など、この世にいない」です。たとえ、相手がお釈迦様やイエス様であっても、悪く言いたい人は棘《とげ》の付いた言葉を投げ付けます。神様レベルであってもそうされてしまうのですから、万人に好かれる人なんていないんですね。

Aさんに嫌われないように振舞った成果でAさんには嫌われなかったとしても、Bさんには良く思われていなかったなんてことは日常茶飯事です。そう考えたら、目の前に現れる人すべてのご機嫌を取ることに価値があるでしょうか。

紅子さんのように「どうせうまくいかない」「ここでも絶対に嫌われる」とまだ何も始まっていないうちから〝うまくいかない未来〟を想像しておくのは、過去の自分が苦しみながら獲得した生きる知恵かもしれません。保険をかけるかのように、自分自身に悪い占いをしておくほうが、実際にそうなったときのダメージが少なくて済むでしょうから。でもね、もうそろそろ、この保険、解約しましょうよ。悪い未来を占うクセは神経を削ってしまいますから。

今日からは「とりあえず、今できることをやってみよう」を優先して欲しいんです。

私はテニスのトッププロたちの海外遠征に同行していた過去も持ちますが、世界の第一線で活躍している選手であっても、試合は不安との戦いです。「打てなかったら?」「負けるかも?」という具合に次から次へと、ネガティブな妄想に包まれてしまうのです。もしかすると真の敵は対戦相手の選手ではなく、「不安」や「妄想」かもしれません。

それゆえ、彼女たちは猛練習をして自信を付けようとします。本番でブレない、めげないメンタルを作るために、暗示をかけるんですね。「これだけやったから、大丈夫!」って。そして、多くの選手がこう言います。「(試合を)楽しみます!」と。

これを真似《まね》してみて欲しいんです。

嫌われたくない、嫌われたらどうしよう？　という気持ちは一旦、置いておいて、紅子さんの場合なら、昨日よりも今日、仕事に慣れる、できることを増やす。そうやって、1ミリずつ自分の自信になるものを増やすことに集中するんです。

それでも「○○になってしまうかも？」「また、嫌われるかも？」という思いは繰り返し押し寄せるでしょうが、そのときは、何回でも呟いてください。「『かも』は妄想！　まだ、何も起きていない。取り越し苦労だよ」と。

そして、息を吐きながら、肩の力を抜くといいですよ。何回か、体の余分な力が抜けるまで、深呼吸してみてください。そして、1日が終わる頃、自分に言ってあげてくださいね。「今日もなんとか生き延びたぞ。偉いぞ、私！」ってね。

「生き延びる」だけでもすごいことですが、もし、昨日よりも1ミリだけ「頑張れた」と思える日を送ったならば、1年後には他人のさじ加減次第だったあなたの価値は、あなた自身が判断できるようになっていることでしょう。

不安沼から抜け出すレッスン

目をつむってみる

起きている時間は、常に、様々な色や形の物を見続けています。脳は常に、それがどういうものであるかの判断を強いられているので、重労働をこなしているも同然です。

疲労回復には睡眠が大事だというのは、このことひとつからもわかるというものですが、眠ってばかりもいられないのが現実です。そこで、脳の重労働緩和のためにも、疲労回復のためにも、意識的に実行していただきたいことがあります。

それは、目をつむってみること。ホットタオルで目を覆ったら、なお、効果的。難しければ、手のひらでそっと目を覆うだけでもいいです。目を押さえ付けるのはNGですから、あくまでもそっと覆うこと。そのまま、30秒、目を休ませてあげてください。

そして次に、目を瞑ったまま、20回程度、ゆっくりと首を左右に振ってみてください。これだけでも、ストレッチしたのと同様の効果を発揮しますよ。脳の血流が良くなるので、少しスッキリしたような感覚を味わえるでしょう。

#08

「100かゼロか」思考にとらわれる完璧主義者のあなたへ

#不調との付き合いは続く　#不調との折り合いを付ける
#思考の柔軟性　#完璧じゃない自分

50代の蘭《らん》さんに聞いた話です。彼女は長年、白内障による不調に苦しんでいました。医師から手術を勧められたものの、手術に怯えて、どうにも決断できないでいたようです。それというのも、彼女の亡母が中途失明経験者ということで、目に対する恐怖の気持ちがあったそうです。

「万が一、失敗したらどうしよう？　って感覚ですかね？　怖くて、怖くて、それならば、このままでいいって思っていたんです」

そのとき、主治医がこう言ってくれたと言います。

「あなたは今、10段階中、よく見積もっても3ほどしかクリアに見えてないはずです。しかし、手術をしたならば、少なくとも6か7ほどには視界良好になるでしょう。もちろん、どんなに頑張っても10にはなりません。年齢を重ねているのですから、子どもの頃のようにクッキリと見えるようにはならないです。でも、僕はこう思うんです。3の視力が6になったとしたら、今の倍、見えるってことですよね。今よりも生活レベルが格段と上がるならば、完璧を追わなくとも、十分に幸せになるんじゃないですか。0になるリスクに怯えるよりも、これを乗り越えたら、明るい未来がやってくるっていう方向に考えてみませんか」

蘭さんは恐怖を乗り越えて手術に踏み切りました。10段階中8も見えるようになった彼女がこう言いました。

「あつこ先生、私、完璧主義者のうえに融通がきかない性格だったんですね……。これって目だけのことじゃなくて、そう言えば思考が常に100かゼロかで動いていて、ゼロはあり得ない、しかも100じゃないと嫌だ！　みたいに思うことが多かった気がします。1でも2でも前進するなら、そのありがたみを感じるほうが、絶対に幸せになるよなって、今頃、わかったんです」

一般的に老化が始まる時期とされるのが、30歳以降になります。加齢によって様々な機能が緩やかに衰えていくので、視力もそうですが、体力・筋力・持久力などの減退を感じることも増えるかと思います。しかし、これは生理的老化ですので、年齢を重ねていけば誰にでも起こるものです。

つまり、生きている以上、軽い重いはあるものの〝不調との付き合い〟は続くといってても過言ではありません。しかし、そんな中でも、不調との折り合いを付けるのがうまい人と下手な人がいるのです。つまり、同じレベルの不調であっても、生活レベルに支障がないくらいの早期回復傾向にある人と、いつまで経っても本人のツラさが軽減しない人がいるということです。

これは私には、その人個人の「心の柔軟性」の差のように思えます。

当院にも「不調のデパート」というほどに身体の不具合を訴える方は大勢おいでです。

このタイプの患者さんの場合は、ドクターに、「不定愁訴」と診断されているケースが多いです。病変は見られないのに「漠然とした体の痛みや不調」を訴える患者さんに説明する際に使われる診断名ですが、大抵の場合はストレス過多。疲れ過ぎて、心と体が悲鳴を上げているってことですね。

この治療法としては、体の血流を促し、酸素を脳にたっぷりと入れることが有効なのですが、体の不調は心の不調でもありますから、心も同時に整えていかないと、なかなか、改善には至らないのです。そこで大切なのは「思考の柔軟性」です。

いくら鍼灸師が血の流れを良くしようと頑張ったとしても、やはり、根本原因を正していかない限りは、対症療法にしかなりません。

それゆえ、患者さんには「せめて夜の1時までにはベッドに入ってね」とか「こんな風な考え方もありますよ」などというような、その方に合った現実的なアドバイスを申し上げることがあります。

ところが、素直に聞いてくださる方とそうではない方に分かれるんです。そうでない方は否定語で返されます。

もちろん、アドバイスを聞く耳を持つ・持たない、そのアドバイスを実行する・しないも、その方の自由です。しかし、「不調が改善しやすいのは、どちらですか？」と言われたら、間違いなく「そうなんですね」と一旦は受け止める人です。

心が頑なな人は不調が長引きやすい傾向にあります。自分のやり方に固執する、思考がとても頑固という場合、他者の意見を聞く心の余白がないということもありますし、それと同時に「１００かゼロか」思考にとらわれている場合があるんです。

「今すぐ、１００％の体調にしたい！」となると、回復は遅れます。体の不具合はないにこしたことはないですが、身体の不調とうまく折り合いを付けていくのも暮らしの智恵というものです。

それには「完璧じゃない自分」を許すこと。「痛みや不安」にばかりフォーカスしないこと。完璧を目指したい気持ちはわかりますが、少しでも良くなればいいかなと思う気持ちが実は大事なんです。もし、今が2でも3でも心身が穏やかならば、それは喜ばしいこと。その思考が快癒への小さな一歩になるでしょう。

#09

「オマエが勝手に親を選んだ」と言われて育ったあなたへ

#親ガチャ　#毒親　#いい子になるから
#親の言うことを聞くのが当然　#摩擦

昨今「親ガチャ」や「毒親」という言葉が定着しました。これは、親の問題で悩んでいる人の「心の解放」という意味では、とても良い風潮だと思います。
今までの日本では「親孝行」はするものであり、産み育ててくれた親には無条件に感謝の気持ちを持つべきという社会からの無言の圧力があったように感じるからです。

毒親問題は「子どもを愛さない親はいないのだから、愛されない私に問題があるのだ」と、本来ならば被害者であるはずの子ども自身が自分を罰する方向に考えがちなのですが、「子どもを愛せない親」もいます。育児放棄や暴力などは論外ですが、一見するといい親そうなのに、子どもに対して適切な愛情を与えられないケースもあるのです。

梢《こずえ》さん（47歳）は倦怠感を訴えて来院された方です。いつも胃に重だるさを感じるせいか、何をしていても楽しくないどころか、この世は生きづらくて仕方ないと言います。梢さんの症状は実の母親を介護するようになってから、より悪化していたようです。

「母は異様に外面がいいので、今までどの人に話しても『あのお母さんが？』『いいお母さんじゃない！』と取り合ってもらえなかったんです。でも、家の中ではヒステリックな独裁者。少しでも気に入らないことがあると怒鳴り散らす。私は母の吐け口にされてきたようなものです。でも、幼い頃はそれがわからず、私がダメだから、お母さんは怒るんだ、いい子になるから、お母さんに捨てられませんように……って、ずっと母のご機嫌うかがいをしながら生きてきました。でも、私のことは一切、否定。やることなすこと否定されてきたようなものです」

子どもは大人と比べると圧倒的に力がありませんから、保護者に従うしか生きる術《すべ》はありません。親の機嫌に振り回される毎日では親の感情を優先せざるを得なくなります。それが長期にわたって続くと、他人の評価を気にするあまりに、自分の気持ちすらもわからなくなっていきやすいのです。自分を大切にする術を見失っている状態ですから、生きづらさを抱えたとしても、それは無理からぬことだと思います。

「社会人になった後はあえて距離を取っていたのですが、介護が必要になった母を見て実家に戻りました。親孝行って気持ちは全くなくて、人生の終わりが近付いた今の母なら、私のことを認めてくれるんじゃないかって、そう思って介護離職したんです」

ところが、結果的に梢さんの切なる思いは満たされることなく終わりました。お母さんが亡くなったのです。

「結局、母からは罵詈雑言《ばりぞうごん》を浴びせられただけで、最期まで私が望むような会話はできませんでした」

人はいくつになっても母の愛を求めてしまいます。それを乞うがあまりに、いつかわかってくれるに違いないという希望を捨て切れません。母親から愛されたかったという思いは、途方もない寂しさとして、心にくすぶり続けるものなのでしょう。ましてや、母の死によって永遠に未完成という現実は、頭が「もうあきらめろ」と叱咤《しった》しても、受け入れる心の準備は容易には整わないのだと思います。

親に振り回されて生きてきた人が自分の人生を生き直すには、専門家によるカウンセリングに頼る方法がありますが、最終的には自分自身で乗り越えるしかありません。「先生、私、母から『オマエが勝手に親を選んで生まれてきた』って言われたことがあるんですよ。だから、親の言うことを聞くのが当然だって考えだったんですかね？」と今でも答えを探している梢さんです。

子が親を選んで生まれてくるかどうかは私にはわかりません。でも、私はこの世は自分に与えられたなんらかの使命を果たすための「修行の場」だと思っているんです。

究極的には「自分は何者なのか？」を探す旅が人生かもしれません。本当の自分に出会うためには、色々な人と出会い、人間関係で摩擦を生じる必要があるんだろうなと解釈しています。それゆえ、親子関係で悩んでいる人は親子間で相当な摩擦がある。その摩擦から様々なことを感じ学ぶことで「修行」しているような気がしています。

親の感情の任せるがままに育てられた人にとっては、なんの慰めにもならないかもしれません。しかし、親は親。自分は自分。親とあなたは違うのだということをハッキリ認識しなければならないのです。

過酷な環境を乗り越えてきたサバイバーであるあなたは、もう十分、大人になりました。

ときに幼子だった自分を撫《な》でてあげながら、自分を生きなければなりません。自分を変えられるのは自分だけです。親であっても、変えられない他者に変わりはありません。変えられない他者に固執する道を選ぶのか、自分を生きることに熱中するのかは、あなた次第です。

不安沼から抜け出すレッスン

見るから聴くへ変えてみる

人は日常生活において、視覚から8割以上の情報を得ているそうですが、スマホ・PC・タブレットといったデバイスとSNSの普及が、私たちの目と脳にダメージを与えています。見続けることで目やその周辺の血流は悪くなり、あふれ返る情報量に脳の処理機能が追い付かないので、身体全体が疲れ切ってしまうのです。では、どうするか？　ですが、視覚から得る情報量を意識して減らすしかありません。例えば、動画を見る時間をオーディブルのような「聴く読書」に変えてみるとか。ポッドキャストやラジオのような音声番組を楽しむのも良いですね。

現代人は、全くの無音の中では逆に孤独を感じてしまいやすいですから、「ひとりではない」という安心感のために、聴覚に頼るのも悪い方法ではありません。

耳からの心地良い刺激は自律神経に作用し好影響を与えますので、1日の始まりに元気をもたらしたり、眠りにつく前に気持ちを落ち着かせる効果が期待できますよ。

#10

笑うこと、楽しむことに、なぜか罪悪感を持つあなたへ

#絶対笑わない人　#笑ったら負け　#罪悪感

患者さんにプロの芸人さんがいます。その彼が言うには、本番中に絶対笑わない人に遭遇することがあるそうです。

「オマエがおもろくないからや！　って思うでしょ？　でも、そういう人は他の芸人さんの出番でも絶対に笑わないんですよ。なんか笑ったら負けだと思ってるんですかね？」

演者さんには気の毒ですが、場をどう過ごそうが各人の自由なので責められません。

ただ、気になるのは、このケース。

「何をするにも楽しんではいけないと思ってしまう」という悩みを抱えている人です。

楽しみたいのに、楽しんではいけないという呪縛《じゅばく》があるというのか、楽しむこと自体に抵抗感がある人がいます。

こういう方々は自分でも気付かないうちに、親の言動にとらわれてしまっている可能性があります。例えば、親から「漫画を読むヤツはクズだ」「アイドルにうつつを抜かすなど言語道断」「そんなくだらない物に使う金はない！」などと言われてきた場合、それを実行しようとする際に、変な罪悪感を持つことがあるのです。ある意味、大人にとっては、言うことを聞く良い子なのですが、「なぜ、ダメなのか？」という根本を理解し納得していたわけではないので、自身が大人になって「やってみよう」となったときに、自分の中でアクセルとブレーキが同時に踏まれている感覚になるのかなと想像します。

彩子《あやこ》さん（41歳）もそのひとりでした。複雑な家庭環境で育った彼女は、いつしか自分に「笑ってはいけない」「楽しいことをしてはいけない」というルールを課すようになったと言います。

「先生、人生が楽しくないんです……」とおっしゃいます。

彩子さんにはもうひとつ、乗り越えたいと思っていることがあると言います。

「予定外のことが起こると、そのことに固執してしまい、全部が崩れてしまうんです」

例えば、旅先での大雨で日程変更を余儀なくされたら「やっぱり、私が楽しもうとしたのが間違い」という風に思ってしまう。それだけならともかく、気持ちが沈みっぱなしになって、同行者の気分を害してしまったこともあるそうです。

私はこの話を聞いて、Iさんのことを思い出しました。スポーツマンである彼は女性に大変モテていましたが、40歳を超えても独身でした。その彼が「結婚しました」と報告してくれたことがあるのです。歴代の彼女が幾人もいるのも知っていましたので、結婚の決め手を聞いてみたんです。彼はこう教えてくれました。

「イレギュラーなことも一緒に楽しんでくれるから」

あるとき、彼は彼女さんと旅行に出かけ、ワシントンからニューヨークに飛ぼうとしたそうです。ところが、機材トラブルで飛行機は飛ばず。彼女さんが旅の中で一番楽しみにしていたブロードウェイミュージカルには間に合わないという羽目に陥ってしまいました。

「僕は焦って青くなったんですが、彼女は笑いながら『次の飛行機までは時間があるから、（公文書館で）独立宣言（の展示）、見に行かない？』と言って、サッサとタクシーを拾ったんです。見に行った後も『実は、1回見たかったんだよね。付き合ってくれてありがとう！』と言ってくれました。彼女がものすごく頑張って取ったプレミアチケットが流れたのに、残念な素振りも見せなかったんです」

彼が語るに、彼女は「生きていればトラブルは付きもの。嘆いたってどうしようもないことならば、次を考えたほうが楽しくない？　人生は楽しんだもん勝ち！」とニッコリと笑ったとのこと。

彼女と一緒ならば、どんなハプニングが起きたとしても楽しめると思ったことが決定打となったそうです。

彩子さんにいきなり、この彼女さんのようになれというのは酷というものです。しかし、「人生は、楽しもうと思う人が楽しめる」ということは事実だと思います。そうであるならば、楽しむことの罪悪感を少しずつでも和《やわ》らげる方向に持っていけるといいですよね。

私が彩子さんに提案したのは次の方法です。例えば、観に行きたいと思った映画があるなら、すぐに予約して行ってみる。その際に「よし！　楽しんで来るぞ！」と声に出して宣言する。見終わったら、作品がどうであろうと「あ～、楽しかった！　行って良かった！」と口にすることです。

さらに出先であった楽しかった出来事、例えば売店のポップコーンが美味しかったならばそれを思い出して、ニンマリしてみてください。

先述した芸人さんはプロなだけに、こう言っていました。

「アクシデントや困った出来事が起こると、芸人のサガなのか、逆に美味しいって思っちゃうんですよ。毎日がネタです（笑）」

彩子さんはまだ「楽しむ道半ば」ですが、先日「先生、この映画、面白いのでめちゃお勧めです」と言ってくれました。

楽しいなら、素直に楽しいと言う。

練習を重ねるごとに、重い鎧《よろい》も外れてくるに違いありません。

#11

普通の幸せが欲しいだけなのに　それすら叶《かな》わないあなたへ

#誰かいい人いないの?
#人生詰んだ　#普通

梨果《りか》さんは34歳。もうすぐ誕生日が来ると彼女が言いました。

「先生、ヤバいですよね。私、四捨五入したら40ですよ！　昨日も母から従妹《いとこ》が結婚するって電話があったんですけど、最後はお決まりの『アンタ、誰かいい人いないの？』です。『普通、その年なら結婚して、子どものひとりやふたりいるもんだけどね』とまで言われてムッとしましたが、電話を切ったら、なんだかすっごく落ち込んじゃって……」

施術中も梨果さんはため息ばかりついています。

「私、もうすぐ今の会社との契約期間が終わるんですが、多分、雇い止めです。次の職があるかもわからないし……。職なし・友なし・彼氏なし。人生、詰んでますよね。私は別に贅沢したいわけでもなく、ただ普通の幸せが欲しいだけなのに、それすら叶わないんですかね……」

施術中にときどき聞く言葉に「普通」というのがあります。「普通、○○」「△△が普通」といった形で口にする人が多いです。想像するに、自分の中に普通という基準があって、しかも、それは意外と強固な価値観で「最低でも、こうでなければならないのに現実は違う」という意味でもあり、もっと言うなら、それから外れる自分にガッカリしている様が見受けられます。

梨果さんは言います。

「女の人生ってハードル走みたい。受験・就活・恋愛・結婚・妊活・子育て・キャリ

ア の構築……って目の前に次から次へとハードルが出てきて。でも、みんな、平気な顔をして普通に跳んでるんですよ。それなのに、私は全然跳べなくて。転んでばっかの私は、もう普通にもなれないのかな……」

私は思うんですよね。「その普通、どこから仕入れてきたの？」って。もちろん、理解はできますよ。この国は、どこの誰が決めたのかもわからない様々な謎《なぞ》ルールに満ちていて、昔ほどではないにしても、とりわけ女性に対しては〝縛り〟があるってことはね。

それでも、梨果さんのように「普通にこだわって」「普通から外れることを気にする」女性に会うと不思議に思います。まるで、人生のチェックリストを持っていて、レ点を付けることに一生懸命に見えるから。

私はシングルなので、余計にそう思うのかもしれませんが、結婚は共に生きていきたい人がいるからするもので、「世間体」とか「普通はするもの」という理由はどうなのかなぁという気はしています。もちろん、それすらも個人の自由ですが、常識や普通というのはドンドンと変わっていくという事実にも、もっと目を向けて欲しいなって思います。

例えば、結婚に関してだけでも、今は昔のように「クリスマスケーキ理論（女性は25歳までに結婚すべき！という押し付け）」もなくなりましたし、結婚式に仲人を立てる風習もほぼ消えて、今では結婚式すらしないカップルも珍しくありません。もとより、結婚しない人も星の数ほどいるでしょう。つまり、生き方には普通も常識もないってことです。

昔のどこかの狭い村であった〝普通〟は世界の〝普通〟ではありませんし、もし〝普通〟という尺度があるならば、それは個人個人で決める類《たぐ》いのものです。誰かが決めた常識に沿って進むのではなく、あなたはあなたの人生を生きる。仮に人生にチェックリストなるものがあるとすれば、その項目はあなた自身の意思で作るものです。

本当はどうありたいのか？　あなたが自分自身に願う本当の幸せは何か？　まずは、そこから考えてみませんか。

「普通じゃない」と落ち込む裏には自信のなさが透けるから。そうなると、心配してくれる人からおせっかいなことまで言われるようになっちゃいます。

もし「普通は〜」と言ってくる人に遭遇したならば「お気持ちはわかります」と受け取りながらも、「その生き方も認めますから、私の生き方も認めてくださいね」と毅然と対応すればいいのです。

「自分の人生だから、私の好きなように生きる！」と決意した人は、不思議なことに不調が改善する場合が多く見られます。誰かの歩調に合わせることなく、焦ることもなく、あなたはあなたの人生を生きるのです。普通かどうかは自分が決めましょう。

梨果さんのその後ですが、派遣切りにはあってしまいましたが、別の仕事につき、新たな環境で頑張っているようです。

けっこん

#12

〝迷惑かけちゃダメ〟信仰にどっぷり浸かっているあなたへ

#よく平気な顔で休めるよね　#我慢は美徳
#自分への過剰なダメ出し　#他人のゴミ箱

鍼灸治療は、体の硬さを取り、血流を回復させる効果に優れるので、疲れに効くのですが、同時に幸せホルモン〝セロトニン〟の分泌を促す作用もあるため、不安や落ち込みにも力を発揮します。要は「疲労」や「不安」にも効き目あり！　ということですが、現代社会は生きづらいシステムであふれているのでしょう。今日も疲労感を訴える人が当院に来られます。

疲れ果てているはずの梓《あずさ》さん（42歳）が、精一杯のジョークでこう言いました。

「このところ毎朝、布団の中で『あ～、もう早く帰りたい……』って思うんですよ。

まだ会社に辿《たど》り着いてもないんですけどね（苦笑）」

梓さんの職場は人手不足のせいで10連勤が頻繁にあり、さらにサービス残業も常態化しているそうです。これでは疲れないほうがおかしいのですが、梓さんは真面目でやさしい性格です。自分が休むと周りに迷惑がかかり、他の人が苦しい思いをするとの気遣いから、「体調不良ごとき」では休めないと出社を続けています。

他の人がどうしているかを聞いたところ、休みを取る人もいるとのこと。「ならば、遠慮なく休みを取ればいいのでは？」という話なのですが、梓さんはこう言いました。

「そういう人は鋼《はがね》のメンタルの持ち主です。陰では『よく平気な顔で休めるよね』と言われています。そういう風に思われるのも嫌だし、実際、休むと皆に迷惑なので、どうにか頑張ります」

梓さんのように考える人は意外と多いのですが、この思考が人生の喜びを感じにくくする遠因なのだと私は思います。

日本には「我慢」を美徳とする文化があります。頑張り抜くこと、辛抱すること、耐え忍ぶことを良しとしてきた歴史があるので「みんなも我慢しているのだから、あなたも我慢すべき」というような同調圧力が強い国ではあります。

皆さんも周りの大人たちから「人に迷惑をかけるな！」「人のことも考えろ！」と言い聞かされてきた記憶があるのではないでしょうか。これは、自分のことよりも、まずは他人のことを優先せよ！　という意味にも聞こえます。それをやれる人は、思いやりあふれるいい人に見えるでしょうが、私は問いかけたい。「じゃあ、あなたのことは誰が優先してくれるの？」と。

患者さんの中には、頭の中で常に「早く！　早く！」という声がするという人もいます。その声は「周りをよく見て！　ボヤボヤしてると置いていかれるよ！」と告げるのだそうです。自分でも、何を早くしないといけないのか、何と競走しているのかがわからないそうですが、とにかく疲れると言います。

梓さん同様、それで疲れない訳がありません。機械であってもメンテナンスが必要なのに、ましてや生身の人間。休まずに走り続けることは不可能です。身体は必ず「休まないと、もう持たない！」というシグナルを送っているはずです。「お願い、私のことを優先して！」と繰り返し訴えているはずなんです。その声を無視し続けると、ある日突然、本当に「ポッキリと折れた」かのように動けなくなります。こうなると、健康体に戻るには大変な苦労と時間を要しかねません。どうか身体の声を真剣に聞いてください。

疲労のシグナルとしては、先ほどの「常に追われている気がする」の他にも、「眠れない」「無気力になる」「決断力がなくなる」「何を考えていいかもわからない」「孤独感」「イライラ」「情緒不安定」「集中できない」「自分への過剰なダメ出し」「不安になる」「とにかくだるい」などが出やすいのですが、これにプラスして本人が自覚するほどの「体調不良」を感じるでしょう。

これは身体が無理を重ねている状態ですから、なるべく早く休息を取らなければいいけません。別の言い方をするならば、身体からの危険信号は「休むチャンス」を与えているのです。ここで一旦、立ち止まって考えてみてください。

「私、自分を大切にできている？」って。

梓さんのように「自分さえ我慢すれば」という自己犠牲は美談にもなりません。他人への気遣いよりも、まずは自分への気遣いです。体調がいいか悪いかは他人にはわからないからです。他人はあなたが気遣いをし過ぎて疲れ果ててることなど、知る由もありません。それどころか「快くやってくれる人」認定をして、あなたという「箱」に次々と雑務を投げ込んでくるでしょう。だって、「やってくれる人」だから。

余裕があるならば別ですが、誰でも許容量というものがあります。ひとりで仕事を抱え込まないでください。あなたの健康はあなたしか守れないのです。

迷惑はかけ合うもの、お互いがカバーし合うほうが、皆がハッピーになるのだと思います。疲れ果てている自覚がある人こそ「他人のゴミ箱」になってはいけません。

不安沼から抜け出すレッスン

無心になってみる

人間は考える動物ではありますが、大抵の場合、考えれば考えるほどに迷路に迷い込むもの。そういうときは、邪念や欲望、不安といった負の感情をいなすためにも「考えない!」というのが有効です。つまり「無心になる」ということですが、その方法は何かを一心にやってみること。自分の興味があることで、時間を忘れて没頭できるものならばなんでもOK。

これといったものが思い付かない場合は、「紙風船」はいかがでしょう?　床に落とさないように、高く打ち上げることだけを考える。あるいは「けん玉」に挑戦。玉を投げ上げて皿に受ける際には、息を整えて集中しなければなりません。成功すれば気持ちがいいですし、失敗してもご愛敬。その瞬間だけは玉に全集中できます。

自宅のベランダで「シャボン玉」をひたすら吹いて、虹色の反射をただただ眺めるというのもいいですね。「他のことを考えない」という時間を作るのも、自律神経の安定には効果を発揮します。

もう早く
帰りたい…
まだ会社
ついてないけど

黒い感情編

不安という沼はやっかいです。なぜなら、呪いや妬み、焦り、孤独感といった感情を引き寄せるから。それをあえて本書では〝黒い感情〟と呼んでいます。しかし、そもそも感情に白とか黒とかあるのでしょうか？　自分勝手に色分けするからツラくなるんじゃないですか？　──と、女性鍼灸師のやまざきあつこが、黒い感情に振り回されないためのヒントを伝えます。

#01

他人の成功や幸せが心に障る、ザラつくあなたへ

#黒い自分が疼《うず》く　#相手の幸せを呪う　#降参　#引きずらない

ときどき、「黒い自分を持て余す」と来院される方がいます。「先生、私、心の中が真っ黒なんです。そんな自分が嫌いです」と。

紫《ゆかり》さん（45歳）が当院にいらした理由は胃痛、頭痛、腰痛、便秘に生理痛、むくみなどの症状からでした。

どの患者さんもそうですが、皆さん、はじめは体調不良を訴えます。体のどこかが痛いのですから当然です。でも、そのうちに、ポツリポツリと心の内側を話してくださるようになります。紫さんはこう言いました。

「最近、思うんです。私、心がザラついているって……」

紫さんの職場では、月末に社員の売上成績が発表される朝礼があるそうです。紫さんには、自他共に認める営業センスがあり、努力の甲斐があって今では責任あるポストに就任しています。当然、後輩の面倒を見るべき立場ですが、最近はひとりの後輩の活躍が目覚ましいそうです。

「もちろん、お店としては喜ばしいことです。さらに彼女は私が手塩にかけてきた後輩です。もちろん、彼女が成績トップを表彰されるときは笑顔で拍手です。でも、何ですかね、私、悔しいとも違って……。うまく言えないんですが、心に障るんです、ザラッと。こんなこと、誰にも言えないですけど、黒い自分が疼くって感じですかね？　そんなときですよね、消えてしまいたくなるのは……」

紫さんだけではなく、これは誰にでもある感情じゃないですかね。嫉妬《しっと》や妬みという「相手の幸せを呪う」ほどの強い気持ちではなく、単純に「なんか、ザラつく」って感じ。

誰にでも、そんなときはあります。24時間365日、完全無欠のメンタルの人はいません。なぜなら、調子のバイオリズムは、瞬間瞬間で変わるから。

紫さんの「心に障る」というのは気が滞っている状態です。この「気」は元気、根気、勇気、やる気といったエネルギーの意味。目には見えませんが、私たちの周りで常に気は動いています。

人は気の巡りが悪くなると、思考がドンドンとネガティブに振れてしまうんですね。特に女性はホルモンの影響をダイレクトに受け続けていますから、ちょっとした心の障りが、体調に大きな影響を及ぼしてしまう。

本当に、女性はデリケートな生き物だと思います。すごく落ち込むわけじゃない、でも、なんかモヤモヤしたり、ザラついたり。思えば、人生はその繰り返しかもしれませんね。

私が紫さんに、少しずつ提案していった方法があります。

まずは、黒い自分を許そうよ。

例えば後輩がドンドン輝いて、反比例するかのごとく自分の輝きが削《そ》がれる気がしたら、その気持ちごと、マルッと、くるんじゃえばいいんです。

「ああ今、私、あの子にちょっとだけ嫉妬しちゃってる」ってね。

人間には感情があるから、マイナスな感情が出ても当然だよねって、私は天使にはなれませんって真っ先に降参ですよ。一番大切なことは、自分だけは自分を肯定してあげること。

皆さん、自己否定に走り過ぎです。自分が自分を否定するほど、ツライ話はないんです。それは人から否定されるより、何百倍もツライことだから。自分のことは全部、全部、あなた自身が受け入れてあげてください。極論を言うならば、自分がすべてです。

さらに、私に言わせればこうです。「人の成功を羨《うらや》んで何が悪い⁉」

いいんです、嫉妬も含めて負の感情も自分の気持ちです。自分の気持ちを一旦、丸ごと受け入れることは、あなたが思うよりも大切なんです。自分を否定しちゃダメですよ。

そして、次はこれです。

そこに、いつまでもいるな！

気は常に動いていますし、あなたの感情も1秒ごとに更新されます。たとえ、良からぬ感情に支配されたとしても、それはほんの一瞬のこと。

いつまでも、その感情を引きずらない練習をしましょう。

モヤモヤを追い出すイメージで、頭を軽く左右に振ってみてください。次に、ゆっくりとゆっくりと首を回す。首はあなたの心と同じく、とてもデリケートですから、丁寧に扱ってあげてくださいね。

大丈夫な予感がしてきたら、小さな声で言いましょう。

「ヨシッ！　次、行くよ！　次！」

そして、いつもより、少しだけ軽快に歩き出してみてください。それだけでも、あなたの周りを流れている気が変わってきますよ。

紫さんは鍼治療で調子が上向きになるにつれ、「うん、これは後輩の努力だよな。私も心機一転する気持ちで頑張ろう！」という風に考えられる日も増えたと笑っています。

それだけで、もう、十分過ぎるほど、立派だと思います。

ぱちぱち

不安沼から抜け出すレッスン

魔法の言葉を唱えてみる

人の幸せを素直に喜んであげられないときは、自分の毎日がつまらないものに見えているときだったりします。まあね、人生はそんなもんで、雨も降れば、晴れもある……って「そんなことくらい、わかってます!」なんですが、実際、そんな日々から立ち上がるのにもエネルギーが必要だから、即行動!　ってのも難しいですよね。でも、ザラつきっぱなしもなんだか嫌だってときはね、「呪文」を唱えてみませんか。それはね……

「ま、いっか!」

ザラつくもんはしゃーないです。そんなときは、ため息、吐きつつ「ま、いっか!」とだけ。この言葉、マルッと自己肯定してくれる魔法の言葉です。

今は「現状維持」のときかもしれません。でもね、「ま、いっか!」のその先には、きっと「私は次、行くよ、次!」という心のメッセージが聞こえてきますから、楽しみにしていましょうね。

#02

いつもイライラ怒り心頭の「べきねば」人間のあなたへ

#倦怠感　#あなたの常識は誰かの非常識
#スルー力

ある日、施術中の菊乃《きくの》さん（48歳）が苛立《いらだ》ちを抑え切れないといった様子で語り出しました。

「礼儀知らずが多過ぎです！」

聞けばここ最近、立て続けに挨拶《あいさつ》を無視される出来事が重なったそうです。仕事先の後輩に挨拶を返さない人がいるらしく、その人を見るだけでイライラが募ると言います。他にも、通い出したヨガ教室のロッカールームでも挨拶をしない人に遭遇したとかで、「あり得ない！」と怒り心頭のご様子です。

菊乃さんの症状は肩こり・頭痛・火照り・むくみ・冷え・生理トラブルなど多岐にわたっているのですが、中でも「イライラする」というのが主訴。常に、自分を苛立たせる何かを持て余しながら、同時に全身の倦怠感もお持ちでした。

菊乃さんは更年期世代。閉経前後の10年間（人によってはもっと長い場合もあります）はホルモンバランスが乱れるので、次々と出現する不快な症状に悩まされやすいのです。まさにこの時期は「不調のデパート」なのですが、「イライラ」もそのひとつ。本人もわかってはいるものの、自分では止められない状態に追い込まれがちです。

もちろん、イライラするからといって、生死に関わる大問題にはなりませんが、生活の質を低下させるには十分な症状。憤ることはエネルギーを使うので、疲れちゃうんですよね。

イライラ・ムカムカ・カッカしているときは、自分の要望が満たされず、心の落ち着きをなくしている状態です。

特に、自分が「べき・ねば」と思っていることが、そのとおりに進まない場合に出現しやすいのです。

例えば、電車の遅延。電車は定刻で運行するのが当然だという思いがあれば、腹立たしい気持ちが湧いてくるでしょう。

菊乃さんのケースで考えるならば、「挨拶を返すのは人としての常識」という思いが強過ぎるということになります。

自分が良いと信じて行った行為を無視されたことにより、自分の常識が否定され、大袈裟《おおげさ》に言うならば、自分自身の尊厳を傷付けられたような気持ちに陥ったのだと思われます。

もちろん、挨拶はしたほうがいいです。挨拶は、「私はあなたに敵意を持っていない」ということを伝える所作だという説があるように、人間関係の潤滑油。ちょっとした笑顔のコミュニケーションは、その空間を打ちとけたものにしてくれるでしょう。それゆえ、菊乃さんの行為は間違っておらず、むしろ良い行いだと思います。

しかし、ここから先が問題なんです。

言うまでもなく、「こんにちは」と声をかけた行為の主体は菊乃さんにあります。母親に促された幼子ではないのですから、菊乃さんは、誰に強制されたわけでもなく、自分の意思で挨拶をしました。

一方で、声をかけられた側が挨拶を返すかどうかの主導権は、その人に移ります。挨拶するのも無視するのも、その人の選択です。

しかしそこで、挨拶が返らないという、菊乃さんから見たら「あり得ない事態」が発生したわけです。

そのときにすかさず「は？　ちょっと、挨拶くらい返しなさいよ！（なんなら、後輩のアンタからするべきでしょ！）」と声を上げ、「自身の常識」を強制できる人は、そもそも菊乃さんのような不調には見舞われにくい傾向があります。他人に挨拶の返事を強要できるならば別ですが、菊乃さんは言えなかったので、結果的に、その場の苛立ちをお腹に溜め込むことになりました。

しかし、言うまでもなく、どんな人にも歴史があります。年齢、育ってきた環境……、人生の背景が丸ごと違うのですから、それぞれが身に付けた常識は違って当たり前。80億の人間の中で、思考がすべてにおいて同じという人はいないのですから、逆に言えば、あなたの常識は誰かの非常識という可能性も否定できません。自分が信じている正しい行為が常に正義であるとは限らないのです。

「そんなことくらいわかってます！　私はただ、無礼者にムカついているんです！」と、もっとイライラされるかもしれませんが、私は人間関係のこじれの多くは、ここを理解できていないことから始まると見ているのです。

要するに、自分と他人の境界線をはっきりと分けて考えるのが大事だということ。不躾《ぶしつけ》な人は確かに存在します。そういう人に遭遇すれば気分を害するのは無理からぬことですが、それを引きずると自分の体に「百害あって一利なし」、不調の波が押し寄せます。目を向けるべきは他人の無礼よりも、わが身のダメージのほうです。

「こう動いたら、相手はこう動くだろう」という予定調和が乱れると苛立ちを感じやすいものですが、そういうときの呼吸は必ず浅く、酸素不足になっていますので自律神経が乱れます。結果、血の巡りも悪くなり、心身共に余裕がない状態に追い込まれていくのです。

この状態も、短時間ならば問題ありませんが、菊乃さんのように、会う人会う人の不作法が気になり出すと、それに振り回される日常になりますので、身心共に心地良いという状態に戻るには相当な時間が必要になるんですね。

自分の正義を押し付けるがごとくに、他人の言動を細かくチェックする暮らしは体調を崩す遠因になりますから、人生から見ると、とてももったいない時間の使い方になるように思います。

では、「どうすればいいのか?」ですが、私が考える解決法は「スルー力《りょく》」を高めること。菊乃さんのケースで言えば、「ああ、挨拶しないタイプなのね」とだけ思って、そこで終了です。自分の思考の中に、それ以上は問題として立ち入らせないように気を付けるだけです。

暮らしの中で起こる様々な出来事をインプットするかしないかは、自分の裁量次第です。その出来事が自分自身の成長にならないと思えば、華麗に流す。逆に見習いたい、勉強になると思う人や出来事に出会ったならば、心に記すと。
嫌な人に遭遇したとしても「うんうん、色んな人がいるよね！」という具合に、大らかに捉えられたら、心身の不調はそれに比例するかのように、ちょっとずつ治まっていくでしょう。

やがて菊乃さんは、「先生に『恋焦がれている人でもないのに、その不作法な人のことをずっと思い続けてるの、時間がもったいなくない？』って言われて、腹落ちしたんです。そんなヤツのために体の調子を崩すことになっていたのかと思ったら、馬鹿らしくなってきました。私、そんな人に振り回されるの、やめます！」と卒業宣言をされました。

菊乃さんはそれ以降もしばらくは、知人が！　同僚が！　店員が！　芸能人が！……「あり得ない！」と吠《ほ》え続けていましたが、宣言どおり、徐々にそういう会話は減っていき、カチコチだった体も随分と緩んできました。鍼灸院の卒業も間もなくかもしれません。

私たちの気持ちは社会の中で、毎日激しくアップダウンしています。他人の言動が気になることも多いでしょう。けれども、そういうときこそ、他人の世話よりも自分の世話が優先です。不快にさせる人のことは、自分自身を喜ばせることを思い浮かべるなどの方法で、一刻も早く脳内から追い出しましょう。

自分自身の思考の持ち方次第で、体のこわばりはほどけていきます。

わたし
たにん

あったためてみる

やっぱり、女性は、体を冷やしてはいけません。冷えは「万病のもと」です。女性は男性と比べて筋肉量が少ないので代謝も低下気味。元々、熱を作り出す力が弱いんです。ただでさえ冷えやすいのに、そのうえ自律神経のバランスが崩れると大変です。血行不良になるので、血液が体の隅々まで行き渡らないんですね。つまり、体温調節がうまくいかなくなるので、体はさらに冷え冷えになってしまいます。そうなると免疫力が落ちるので、あらゆる病気を引き起こしかねないという笑えない状況に。

そうならないために、意識して体を温めましょう。特に子宮回りと腰は大事。体を締め付けない腹巻、お腹を温めるお灸やカイロ。よもぎ蒸しも効果的です。ドライヤーでお腹を温める緊急レスキューもあり。体を冷やさないように努めるだけでも、不調は遠ざかっていきます。

#03

ついつい「私って便利屋さん？」と感じてしまうあなたへ

＃決め付けからの押し付け　＃邪推
＃不眠　＃頭痛

人間って、つくづく分類するのが好きな生き物だと思います。性別、年齢、人種、出身地、星座、干支《えと》などなど……。挙げればキリがないほど、ありとあらゆることを分類し、しかも、勝手にこうだ！　と決め付けがち。

例えば、「だよね⁉　女子校出身だと思った！」「ひとりっ子はわがままだから」なんて会話、聞いたことある人、多いんじゃないでしょうか。こんな感じで、人間をグループごとにサクッと分けられたら、ある意味、便利かもしれませんが、ひとりひとりは皆、違うわけで。当然ながら、そんなに単純でないのは明白です。

これらの分類上の「決め付け」が、世間話の中で出る分には、目くじらを立てる話ではありませんが、問題は「決め付け」からの「押し付け」です。

患者さんであるすみれさん（40歳）が困り顔で話してくれたことがあります。

ある集まりがあって、彼女は毎回、幹事役を引き受けていたそうです。

指摘されるまでは、特に負担にも思っていなかったそうですが、あるとき、メンバーのひとりから「やっぱり、幹事をやってくれるのはA型だよ！」とサラッと言われたそうです。彼女が、さりげなく確認したところ、メンバー内でのA型は自分ひとり。その瞬間、突然、ウンザリとした気持ちが襲ってきたと言います。メンバーの発言が「A型だから、すみれさんが幹事をやって当然だよね」という響きに聞こえてしまったようです。

これが大抵の場合、言っている本人には悪気はないというのが、また罪深いところ。良いほうに解釈するならば、そのメンバーにとっては、A型の人は任せて安心な人という印象があり、すみれさんを褒めたのかもしれません。でも、すみれさんは、そんな風には受け取れなかったようです。

「その場で反論できれば良かったんですが、情けないことにヘラヘラしちゃって……。それで、後になって、私って便利屋さん扱いだったんだと思ったら、なんだか、急にモヤモヤしてきちゃったんですよね。今までみたいに、気持ち良くは幹事はできないっていうか……」

毎回のように幹事役を引き受けてくれる人は、間違いなく、仕事ができ、面倒見が良く、親切で、気働き上手。

感謝されてしかるべき性格で、A型だからやれて当然という話ではないように思いますが、個人の思い込みとも言える感想というのは、如何《いかん》ともしがたいのでやっかいです。

この場合のすみれさんの解決策は、会を続けたいのならば、幹事を続けるか持ち回りにしてもらうかの二択。後日、すみれさんは勇気を出して、メンバーたちに幹事の持ち回りを提案したそうですが、「サポートするよ」「手伝うから言って」などと言われ、「なんだ、幹事に立候補してくれるわけじゃないんだ……」とモヤモヤ指数はかえって上昇。

すみれさんは、メンバーたちの言葉を、「私たちは、その件に関しては何もしません」という風に深読みしてしまったみたいです。それで、余計に「私にばかりに押し付けて！（不公平だ！）」という、憤りのような感情が芽生えたのでしょう。

確かに、すみれさんのように、仕事ができて、かつ、反論するのが苦手な人は、何かと押し付けられることが多いのかもしれません。

けれども、そこにイライラやモヤモヤを感じたならば、ぜひ、冷静に自分の気持ちを整理してみて欲しいんです。

一番、大切なことは「自分はどうしたいのか？」という気持ち。

すみれさんは、再度、自分に問い直しました。

「この会から離れたいか？　続けたいか？」

やめるのはある意味、簡単ですが、答えは「続けたい」でした。

さらに彼女は、心にこう問いかけました。

「このモヤモヤは、何が原因か？」

すみれさんは、アレコレ思案していましたが、嫌だという気持ちの中心に「メンバーから幹事を押し付けられている」という思いがあると結論付けたのです。

人間って面白いもので、事の大小を問わず「押し付けられる」と嫌になるんですよね。同じやるにしても、自分で選んで、自分で決めて行うならば納得感があるので、多少の困難も乗り越えていきます。

すみれさんのケースで言えば、「幹事役をやるのは得意だし、みんなのお役に立てるのは嬉しい」「お店選びは自分の引き出しになる」と思えば、やらされ感はゼロ。逆に「押し付けられている」「自分ばかり損な役回り」「当たり前のように思われ、感謝もされない」「負担で仕方ない」と思えば、やらされ感はMAXになるでしょう。このときのすみれさんの心のシーソーは、後者に傾きかけていたようです。

すみれさんは、次に考えました。

「どうすれば、ストレスなく会を続けられるか？」

幹事を持ち回りにできさえすれば、今後も楽しく続けていけるかも……という考えに至ったすみれさんは、再度、メンバーに伝えることにしたようです。もし、それでも、メンバーが聞く耳を持ってくれなかったら、そのときはそのとき。また考えようと思ったそうです。

後日、すみれさんが教えてくれました。

「今度はハッキリと『ね、聞いて！　私、幹事をやるのは嫌じゃないの。でも、毎回やるのは負担なんだよね。だから、もしできたら輪番にしてくれない？』って言ってみたんです」

結果は「幹事、持ち回り制」に決定。

前にお願いした際に断られたと思ったのは、すみれさんの思い過ごしで、メンバーたちの本当の思いも聞けたそうです。

「選んだお店が毎回、すごく当たりだったようで、やっぱり喜ばれていたし、感謝もされていたってことがわかりました。そのこともあり、メンバーたちには自分が選ぶよりも、私に任せたほうが確実だという甘えがあったと謝られました。『サポートする』という言葉は、お店選びは自信ないけど、予約や日程調整、集金やらの仕事はやれるという意味だったみたいです。それに、私の前回の言い方だと遠回し過ぎたようで、そこまで幹事を負担に感じているとは思っていなかったと驚かれました」

人って、ときどき、確かめもせずに、その場の雰囲気だけで「きっと、あの人はこう思っているに違いない！」って他人の気持ちを邪推しちゃいますよね。それで、自分の中で勝手に妄想を膨らませて、ネガティブな方向に突き進んで、ひとりで抱え込んでしまう。身体にとっては大ダメージです。邪推も疲労の原因になるんです。「あーじゃないか、こーじゃないか」と自分の中でグルグルと考えるのは、神経を削っているのと同じ。そうなると、不眠になったり、頭痛がしたりで、身も心も不調になります。

ならば、すみれさんのように思い切って、腹を割って話すという方法がありますよ。意外とちゃんとわかってくれるし、言えばきちんとやってくれる人は多いと思います。

自分の中だけでグジグジ悩むのは、精神衛生上好ましいとは言えないので、勇気を出して、自分の思いを伝えることです。それで、わかってもらえなければ、すみれさんが言ったように、そのとき、また考える。「こうしたら、多分、ああなって、ああなったら、こうで……」という自分勝手な未来予測はやめて、「今、できること」をやっていくというのがポイントです。

それでもし「サポートする！」「手伝う」と言われたならば、それを素直に受け取るのも大事なこと。人には誠実にお願いされると、その人の希望を叶えてあげようと動く性質があるのです。もちろん、人によっても、そのお願いの種類によっても、動き方に濃淡は出るでしょう。それでも基本的には、皆さん、何かで誰かのお役に立ちたいと願っているものです。現状がツラいのであれば、遠慮なく、そしてありがたく、人の助けを借りましょう。

要は、人に任せられることは、お願いして人に任せればいいし、自分でやりたければ、自分がやればいいだけの話。

もちろん、ときには、頭の中が妄想だらけになって、文句で埋め尽くされることもあるでしょう。でもね、そこから抜け出したいのであれば、意識を変えるしかありません。

何をやるにしても、自分主導です。やらされている感で行うのではなく、やりたいからやっている!! という気持ちでいくと、世界が変わります。人の顔色を窺ってばかりの自分とは、もうそろそろお別れです。

やりたかったらやる、やりたくなければやめる。嫌だったら、断る。

答えはいたってシンプルです。

「やるか」「やらないか」を選ぶのはいつでも自分。どの道を辿るのかを決める選択権は、常に自分にあるということは忘れないでくださいね。

A型自猫便利サービスでーす

不安沼から抜け出すレッスン

上を向いてみる

　身体の調子が悪いと、人は下を向いてしまいます。あまりに具合が悪くて、ベッドから起き上がれない場合は別ですが、プチ不調のときこそ、その逆張りで調子を上向きにしちゃいましょう。

　そうです、上を向くんです。その場で天井方向に顔を向ける。これだけでも、効果はあるんですよ。もし可能だったら、窓を開けて外の空気を吸いながら、空を見る。「空が青いなぁ」「星が見えるなぁ」と感じたら、効果倍増。顔は上に向けながら、肩の力は抜くというのがポイントです。

「あ〜、しんどい！」と思ったら、このポーズをやってみてください。習慣化して、ちょっとずつ、元気になりましょうね。

#04

オーバーワークに「もう限界」と涙が止まらないあなたへ

#やっかいな案件　#嫌なら去れ
#アサーティブコミュニケーション

瑠璃子《るりこ》さん（53歳）は、メンタルクリニックで処方される大量の薬に不信感を持って当院に来られた人です。

彼女は男社会の色合いが濃い業界で頑張ってきた人で、社内では非常に珍しい、女性管理職に任命されたのだそうです。ところが、そのあたりから、不調を感じはじめます。

内科に通院したものの疾患は認められず。今度はその内科医に紹介され、メンタルクリニックに行ったそうですが、付いた診断名は「軽度のうつ病」。増える薬と、それでも治まらない不快な症状に瑠璃子さんはドンドンと追い詰められるような気がしたそうです。

「会社は『これからは女性の時代』といって私を担《かつ》ぎ上げましたが、それはアドバルーンを揚げたのと同じ。やっぱり、今でも周りの男性たちには、『女＝軽く扱ってもよい存在』という暗黙の了解があるんです。それで、ことあるごとに、やっかいな案件を押し付けられる始末で。女っていうだけで、立場的にはすごく弱いんです。それでも、ガムシャラにやっていたつもりなんですが、今度という今度は参りました」

瑠璃子さんの課に、社内でも「お荷物」と言われる男性が異動してきたことで、業務が円滑に進まなくなったのだそうです。

「使えない、と言ったらあれですが……いわゆる、そういう人。先生、ここはクローズドな場所なので、こういう言い方、許してくださいね。つまり、会社から、テイよく押し付けられた形です。人材的にはマイナス1どころか、彼の尻拭《しりぬぐ》い業務も増えて、体感的にはマイナス100にも1000にも感じる有様です。会社は管理職である私に『職務遂行能力』を求めますから、ストレスは増える一方です」

この国では、女性がバリバリと働き続けるには、まだまだ厳しい現実があります。正直、見えない天井を感じることのほうが多いと思います。その中でサバイバルしていかなければならないのですから、肉体的にも精神的にも疲れ切ってしまうのは無理からぬこと。

オーバーワークになった瑠璃子さんは、施術室でも、よく「だるい」「イライラする」「限界かもしれない」と、泣いていました。

こういうときは、スパッと辞めて転職する、あるいは休職するという手段が必要かもしれません。ところが、制度が整っている企業ばかりではないようで、瑠璃子さんの職場は「嫌なら去れ」という企業風土。年齢的にも次があるとは思えず、何よりも、仕事を途中で投げ出すような真似はできないということで、自分だけでどうにかしようとあがいていたようです。

この「自分だけでどうにかしようとあがく」クセ。真面目で責任感が強い女性に多いです。少し辛辣《しんらつ》な言葉を投げかけるとしたら、「いい人でありたい」という気持ちが強い人とも言えます。

「いい人」というのは文字どおり「いい人」なので、とても素晴らしい性質です。ところが、「人から良く思われたい」「いつでも高評価が欲しい」「失敗は許されない」という思いが根底にあり過ぎると、往々にして、自分自身をないがしろにしてしまう。つまり、ひとつの「心のクセ」のようなものなのですが、自分が苦しい立場にあっても、相手に迎合することを選ぶ習性があるのです。

悲しいことに社会には、弱肉強食の面があります。強い存在には歯向かわないのに、弱い存在にはキツく当たる傾向があるんですね。

そのため、〝言われやすい〟人は、結果的に面倒事を押し付けられやすいのです。なんでもハイハイと言うことを聞いてくれるだろうと、変に期待されるということです。

ここで、考えて欲しいのです。究極、自分を守れるのは自分しかいません。他人は守ってくれないんですよ。なぜなら、他人にとってもまた、自分を守れるのは自分だけだから。よほど余裕のある奇特な人がいれば別かもしれませんが、「まずは自分」ということは、誰にとっても同じ条件なのです。

であるならば、瑠璃子さんは冷静に、自身が置かれている状況を分析する必要があります。

①「お荷物男性」が仕事ができないことは、上の役職の人たちは全員知っている
②現在の瑠璃子さんの課内は、人員がひとり欠けているも同然な状況
③新たな人員補給もない状態で、対前年比以上の成果を要求されている
④部下への指導も含めて、仕事がうまく回らないのは自分の責任だと感じている

もし、これが事実であるならば、瑠璃子さんは直属の上司に掛け合わなければなりません。この状況ならば、仕事の進捗《しんちょく》状況が芳《かんば》しくないのは当たり前。放置すれば、会社の業務にも影響しますから、会社全体の問題のはずです。

それなのに、理不尽なことまですべて背負い込んで自分の責任だと思ったら、涙がこぼれますって。でも、ひとりで泣いていても、状況は良くならないのであれば、まずは主張しましょう。

「進捗状況の遅れは私の責任ではない」、もしくは「手に負えないから、上のほうで考えて欲しい」と。「そう言わず、よろしく頼むよ。期待してるから」などという甘言に呑まれている場合ではないのです。

反論しないことを美徳と教え込まれた女性は、少なくないでしょう。でもね、ここは違うとか、譲れないといった自分の尊厳に関することや、怒るのが当たり前の出来事について、何もなかったかのように呑み込むのはやめましょう。

今、日本でもようやくアサーティブコミュニケーションという「自分と相手の双方を尊重した自己表現」によるコミュニケーション法が認知されつつあります。

相手の立場や意見を尊重しつつ、自分の主張も正確に伝えて、双方が気持ち良くコミュニケーションを交わすことによって、良好な人間関係を築くことを目的にしたものです。

つまり、一方的に自分の主張を押し通そうとするのも、相手の意見を尊重し過ぎるあまりに受け身になってしまうのも、よろしくないよねということなのです。

特に、周囲の目や評価を気にし過ぎるあまりに自己表現を恐れてしまう人は要注意。瑠璃子さんのように、自分の意見や感情を抑え込み過ぎると、不満や不安を溜め込むことになりますから、結局は体がストレスに蝕《むしば》まれてしまいます。

この自己表現には、経験も必要です。今までやってきたことがないのでしたら、なおさら、最初は怖いと思いますよ。でも、ここは頑張りどころです。

もし、自分の荷が重過ぎて、心の中で不平不満が渦巻いて、負担を軽くしたいと願うのなら、行動しましょう。自分を強く持つんですよ。あなたの身体を助けられるのは、あなただけなんです。

瑠璃子さんは、施術台に横たわりながら、「私、いい人やめないとダメですね……」と呟きました。

もちろん、一朝一夕に「万事解決」という話にはなりません。けれども、しばらくして、瑠璃子さんには明らかな変化が出てきました。

「先生、なんだか気持ちがラクになったんです。心のクセはなかなか、治らないんですが、それでも、『納期遅れは私のせいじゃないから』とか『責任取るのは、もっと上の人！』と思って、自分を追い込まないようにしています。心の中の決め台詞は『いつでも、上席にぶっちゃけてやる！』です（笑）」

待ってました！　と言うほどの進歩です。瑠璃子さんの体調回復までは、まだしばらくかかるでしょうが、私は彼女の血流を良くしながら、少しずつ強くなってくれるといいな、と、施術に励んでいるところです。

後頭部をマッサージする

後頭部や首は、自律神経が乱れると、こる部分でもあります。両方の親指を頭の付け根に置き、両手を広げて、頭を指圧していきましょう。

こっているところを探しながら、ほぐしていきます。ついでに、こめかみもグルグルと。眉毛の上下もツボが密集している場所ですから、眉毛に沿って軽く指圧してあげましょう。ほど良く気持ち良い、というくらいの強さが良いですね。

気付いたらやってみるという感覚で、血流を良くしてあげてくださいね。

#05
相手に合わせ過ぎて自分の欲求がなんなのか迷子のあなたへ

#SNS #合わせ過ぎる
#沈殿 #私さえ我慢すれば

SNSに翻弄《ほんろう》される人がいます。

藍《あい》さん（22歳）もそのひとりでした。LINEが来たら即返信しないといけない感覚になるし、返信を打てば打ったで、この文章では失礼に思われたのではないか？と気になりだす。絵文字の量、「！」を使うべきかまで、相手に合わせているうちに正解がわからなくなって疲れ果て、結果、既読スルーに。今度は非常識のレッテルが貼られたに違いない、と、悶々《もんもん》とすることが多いと言います。

「返事は自分の都合良きタイミングでいいし、文章も考え過ぎずに、正直な自分の気持ちのままで良くない？」と申しましたら、藍さんが言ったのです。

「先生、私、もはや、正直な自分がわからないんです」

藍さんのように〝迷子〟になっている人は意外と沢山います。

相手に合わせ過ぎると、やがて、自分が何を欲しているのかさえもわからなくなるんですよね。例えば、打ち合わせの席上で「何、飲みます？　コーヒー、紅茶、緑茶。アイスもホットもあります」と聞かれたとしましょう。はじめにコーヒーの気分かな？　と思ったとしても、藍さんのように「他人優先」を貫くことに慣れ過ぎると、つい「（あなたが用意しやすいので構わないので）なんでも大丈夫です」って言っちゃいがちです。

理由はふたつあって、相手の手を煩《わずら》わせることに罪悪感を覚えること。そして、藍さんが言ったように「もはや、自分の本当の気持ちが自分でもよくわからない」という場合が多いんです。人に合わせるのは得意なのにね……。これは、平和主義者で、やさしい女性に多い〝症状〟。相手になるべく迷惑をかけまいとするやさしさは長所ですから、それ自体は大いに褒められてしかるべきですが、行き過ぎは問題です。

なぜなら、叶えられなかった「本当はこうしたかった」という希望は、たとえ小さなことであっても、心の奥底に静かに沈殿していくから。それが習い性となると、いずれは自分のささやかな望みすらも、見えなくなってしまいます。

しかも、心の底に埋もれた〝小さな悲しみ〟は消え去ったわけではないので、ふとした瞬間に浮き上がってくるのです。

聞けば、藍さんは次女で、幼い頃からお姉さんのお下がりが多かったと言います。

「成人式の振袖もそうで、もう問答無用に『お姉ちゃんのでいいわね』でした。私には最初から選ぶ自由もなくて、逆らっても、母が不機嫌になるだけ。家庭内の空気が悪くなるのは嫌なので、姉の振袖で出ましたけど、あれは悲しかったですね。レンタルでいいから、自分で選びたかった。それを友だちに愚痴《ぐち》ったら、『着させてもらえるだけいいじゃん？　贅沢な悩み』と一笑に付されておしまいです。これって、贅沢な悩みですか？」

藍さんは親の勧めで中高一貫校に入学。理由はお姉さんがその学校に通っていたからだったそうです。

「先生、信じられます？　校則ガチガチの学校で、私、仮面を被って、生きてたんです」

アイドル好きなクラスメートがいたら、その子らに話を合わせ、顔にはいつも笑顔の鉄仮面が張り付いているような気がしていたそうです。

大学も「ここなら推薦できる」と言われた、拒否するには惜しいけれども、それほど興味を持てない学部に入り、就活へ。数十社受けたものの、全くうまくいかず、ついにだるさMAXで起き上がれなくなったと言います。

藍さんが親や学校から暗に躾けられた「人の迷惑を考えて」「置かれた場所で咲きなさい」は一見、素晴らしい行動にも見えますが、常にそれでは他人を優先し過ぎ。自分の心を消すことにもなりかねません。

「選ぶ自由がなくても仕方ない」「私さえ我慢すれば丸くおさまる」「争いをするくらいなら相手に合わせる」という発想は昭和平成で終わり。自分の咲き場所は自分で決めましょう。「私はこうしたい」と思って行動することは、わがままでもなんでもありません。

逆に、自分自身の思いすらも大切にできない人が、どうして他人を思いやれるでしょうか？　自分を優先することは、他人を否定することには当たらないんですよ。

自分の人生は自分だけのもの。あなたが行動しない限り、行きたい場所には行けません。

体の調子が悪いのは、「他人ファースト」にしなければならないという呪縛のせいかもしれませんよ。

もし、心身共に元気になりたいのなら、まずは「この場合の相手の正解はなんだろう？」とイの一番に考えるクセをやめてみませんか。私に言わせれば、この世に正解なんてものはほぼないです。どれを選んだとしても、手探りだから、躓いて転んで失敗ばかりでしょう。でもね、それがいいんです。

自分自身が「わかんないけど、私はこっちにする！」と決めた道ならば、転んでも自分のせい。人のせいにできないから、自分で立ち上がるしかない。また立って歩けばいいんですよ。そうやって、沢山転んでいるうちに、足腰が丈夫になっていくというもの。そのほうが、自分の人生を生きている実感が湧くと思います。

藍さんは数回の施術でだるさが消え、徐々に体も元気になっていきました。

「先生、この私を採用しなかった会社は見る目がないから、きっと潰れます！（笑）」と冗談を飛ばすようになった藍さんは、ほどなくして進路を決めました。それは、親の反対を押し切って進む職人さんの道。「実は前から興味があった」そうです。

採用が決まった日、電話越しに藍さんが言いました。

「私、生ビールが飲みたい気分なので、今からひとり居酒屋に挑戦してきます！」そうです。飲みたい物は自分が一番よく知っている。この場合の正解は、やはりビールだと思います！（笑）

その夜、仕事終わりに私が飲んだ缶ビールも格別な味がしたのは言うまでもありません。うん、飲みたい物は自分で決めましょう。

不安沼から抜け出すレッスン

香りの効用を信じてみる

自分は何が好きなのか、何をやりたいのかもわからなくなったときには、香りに助けを求める方法があります。近頃では、ショップに行くと天然由来のものでも、様々なアロマオイルを試すことができます。今の気分に忠実に「好きを探す」ことにトライしてみるのも良い作戦です。なぜなら、香りはそのときの気分や調子で、好みが分かれるものだから。他人がどう思うかなんて、どうでも良し。「自分の気持ちに正直に」選ぶというのがポイントです。

「私はこの香りが好き！」というものが見つかったら、お守りにしてみるのもありですよ。自分に自信が持てなくなったとき、不安に包まれてしまったとき、好きな香りをお薬代わりに嗅《か》いでみましょう。自分で選んだ好きな香りが、あなた自身を取り戻すキッカケになるかもしれません。

#06

批判、陰口、誰かをおとしめる行為にもうウンザリのあなたへ

#わが身が浮上する　#不安の解消
#発散する場所　#もういつか

香苗《かなえ》さん（43歳）は女性が多い職場で働いているのですが、そこの休憩室では常時、いない人の陰口で盛り上がっているそうです。

施術台に横たわりながら、香苗さんが言います。

「先生、陰口って蜜《みつ》の味なんですかね……。集団で特定の誰かを悪く言っているときって、高揚感があるっていうか、団結するっていうか、私にもそういう気持ちがなかったと言えば嘘になります。でも、最近、それにも疲れてきちゃって。多分、私もいない間に悪く言われているんだろうなぁって思うと、なんかもうウンザリっていうのか……」

陰口ミーティングってありますよね。私も教員時代に生徒たちのそんなシーンを幾度も目にしました。隅っこでのヒソヒソ話は大抵、級友の陰口です。子どもなので、言われる人の気持ちになれないということも多分にあるでしょうが、大人になっても、このクセが抜けない人も沢山います。これは、誰かをおとしめることで、わが身が浮上する感覚になるからやっている行為ですが、陰口や批判は結局のところ「不安の解消」という一手段なんですね。

人は誰でもコンプレックスや嫉妬心、あるいは蔑《さげす》みの感情を持っていますが、それは潜在意識の中でくすぶっているものです。潜在意識は幼少期からの刷り込みであったり、過去の経験で得てきた価値観を指しますが、マイナス面を言えば、生活のあらゆる面でひょっこり顔を出してくることです。その人物を見た途端、自分でも意識していない些細《ささい》なトラウマを想起させられるために、心の奥底で「警戒警報」が鳴り響くという具合。結果的に、その人物や物事が何も悪くなくとも、排除の意識が働くので批判をしてしまうことになりやすい。ゆえに、陰口や意味のない批判は「わかんないけど、何かイライラする」という理由が多いのです。

しかし、香苗さんが言うように集団での陰口は連帯感を高めるかもしれませんが、それは一瞬のこと。いくら、口うるさい上司やボンヤリした部下を裏で批判したとしても、問題が瞬時に消えるわけではないので、あまり意味ある行為とは言えないでしょう。それどころか、人を見れば批判か中傷だという人たちと常に一緒にいると、知らず知らずのうちに神経にダメージを及ぼすリスクがあります。

他人を攻撃しているときの自律神経は常に緊張しているので、疲れ切っちゃうんです。職場というのは交感神経優位な状態が普通ですから、仕事以外で心身にさらに負荷をかけるのは、わが身の神経を過剰に削っているのと同じこと。それゆえ、香苗さんの「もうウンザリ」という気付きは、心と体のためには、実にいい傾向だと思います。

誰しも、反りの合わない人はいますから、その人のことを愚痴として吐き出すのは心の解放としては良いアイデアです。ただし、相手と場所は選びましょう。心の奥底を打ち明けるのですから、その空間はプライベートであるべき。

例えば、家族や仲の良い友人。気の置けない関係の人に「悪いけど、聞いて」と言う分には罪には当たらないでしょう。もし、そういう人が見当たらない場合は私たち鍼灸師の出番です。

鍼灸治療では鍼を打ったり、体を温めたりすると同時に「気」という部分の治療もしています。「元気」「勇気」「病気」などの「気」ですが、「天気」「気圧」「寒気」という言葉もあるように、要するにプラスもマイナスも含めた自然界にあるエネルギーの流れを言います。当然、人間の体の中にも流れているので、これが滞ると心身が不調になっていくんですね。鍼灸院はこの「気」をできる限り、良い流れにしていく場所です。

それと同時に鍼灸院は心を解放する場ですので、自分のモヤモヤを発散する場所でもあるんです。「あの人が嫌」「この人が嫌い」「ああ、もう自分が嫌い」なんてことを思い付くままに呟いていい場所です。不平不満が出るのは人間だから仕方ない。でも、不思議なことに、安心できる場所で呟いていると、突然「もういっか、アイツなんかどうでも……」となる瞬間がくることが多いんですね。

香苗さんも、最近では「陰口を聞くのも、口にする時間ももったいないわ」という心境になったそうで、陰口大会が始まりそうになると、すぐに席を立つか、話題を変えるようにしていると言います。

「私を悪く言う人もいるでしょうが、もういいんです。勝手に言ってください。私は職場に仕事しに来てるだけですから、余計な負のオーラは浴びません（笑）」

香苗さんの例からもおわかりいただけるように、人は何か感じるものがあって「自分はこうしよう！」と思えたら、気持ちが整い、気力が湧いてくる生き物なのです。

愛
意地悪
無視

#07

「M美の子、お受験成功」の知らせに嫉妬が止まらないあなたへ

#もう帰りたい　#承認欲求
#それに比べて私は　#そうなんだ

施術台の上にいるひまりさん（31歳）がうつ伏せのまま、言いました。「最近、ホント、自分のことが嫌いです。なんか、いつもイライラしているのが自分でもわかるんですよ。そのせいか、他人への嫉妬がすごいんです」

ひまりさんの主訴は胃痛・片頭痛に肩こり。体はガチガチです。

「昨日も高校の同級生の豪華挙式の写真がインスタで流れてきたんですが、『おめでとう』のたった5文字が打てなくて……。SNSだけじゃなくて、友だちとリアルに会ったとしても、普通の会話のはずなのに自慢されているみたいに思っちゃって、

段々『もう帰りたい』になることが多いんです。私、心が激狭《げきせま》ですよね……」

うんうん、そういうときがあります。自分がノリにノッているときならまだしも、ドンヨリしているときはなおさら、他人様の成功や幸せを素直に祝福できるメンタルじゃなくなりますから。身近な人になればなるほど、公私共に充実した姿を見せられると嫉妬や羨望の気持ちを抱いてしまうものです。ハリウッド女優のドレス姿を見てもなんとも思わないのに、友人のそれには微妙な気持ちになりやすいんですよ。

キリスト教の「七つの大罪」の中に「嫉妬」が含まれているのをご存じですか？　嫉妬は「罪になるから気を付けようね」ということですが、逆に言えば人間は嫉妬しちゃう生き物なんだと理解しています。そういう意味では、ひまりさんの気持ちは実に人間らしいと言えます。

一方で、嫉妬心を抱かせてしまう側の心理ですが、周りを傷付けようとして幸せアピールをしているのではなく、単純に「見て！　聞いて！」という気持ちがほとんどだと思います。

なぜなら、人には「承認欲求」があるから。

赤ちゃんは生まれたときから「私はここにいます！」と周囲に泣いて知らせて、ミルクをもらいますよね。そうしないと生存できないから。赤ちゃん時代が去ったとしても、人は一生「私がいるのをわかって！」「存在を認めて！」と訴えているようなもので、それが承認欲求だと思います。

誰もが持つ「承認欲求」ですが、それを手っ取り早く満たすのが、SNSにアップする方法です。人々は簡単に「私」を載せる道具を手に入れたため、今は日常・非日常の境なく「私を見て！」という人が多く見られます。以前なら比較をしないで済んでいた人とも、簡単につながってしまいます。それゆえ、スマホを開けば「いいね！」を求める人が群れをなしているように思えるでしょう。

もちろん、楽しい気持ちになったり、参考になるんだったら見るのは自由です。しかし、ひまりさんのように疲れている人には刺激が強過ぎます。

そこで対処法です。「見なければいい」「通知オフに」「会いたくない人との接触は避ける」などというのは、現実的にはおそらく無理。人は「やめよう！」と思えば思うほど、そっちに心が持っていかれやすいですから。それよりも、意識を変える方向に持って行きましょう。

人を羨む「いいなぁ」という感情が湧くのは自然だから、そこまではいいです。そこからアレコレ派生して考えないのがポイントです。

例えば「K子、タワマン買ったんだ。いいなぁ」ここまではOK。その先に「高収入のダンナをゲットしたんだな」「それに比べて私は……」という具合に妄想と自虐が始まると黒感情沼にハマって出てこられなくなります。

比較はコンプレックスの起動装置。スイッチを押した途端、気分はマイナス感情に覆われます。それだけならばまだしも、心と体は一体なので、体にも悪影響を及ぼし、不調の波が押し寄せてしまいます。

それを防ぐためには先手必勝です。「M美の子、お受験成功」というニュースが入ったならば、「いい」「悪い」のジャッジはせずに、心の中の「そうなんだ」ですべて終了。人を羨む風呂敷を広げる前に、事実だけを受け取り、そこに余計な感情移入をしないようにすると、人が何をしていようが気にならなくなっていきます。

心が弱っているときは、無理をしてまでの「おめでとう」も「いいね！」も要らないですし、「それに比べて……」はもっと要らないです。事実だけを受け取り、そこから湧き出る感情や推測は、あえて、ストップです。

「あ、そうなのね」という受け止めには練習が必要ですが、続けていると効果てきめんです。

ひまりさんも毎日、これにトライして、前よりは人のことが気にならなくなってきたそうです。イライラが減ったせいか、お体も大分柔らかくなっています。

ソワ
ソワ

#08

他人優先がしみ付いて無理めなお願いも断れないあなたへ

#断れない　#ママ友関係
#頼まれやすい人　#いい人と思われたい

茜《あかね》さん（当時38歳）が胃の痛みを訴えて当院にいらしたのは、小学生のお子さんがまだ幼稚園生のときでした。

青白い顔で「先生、ママ友関係がうまくいかなくて……。もう、本当にストレスで、引っ越したいくらいです」とおっしゃったのが印象に残っています。

聞けば、ボスママのような存在のAちゃんママとの関係に悩んでおり、Aちゃんママの影に怯えるようになったと言うのです。

「最初は、親切心からでした。私も友だちが欲しかったですし、ママ友ができたら、子ども同士を遊ばせるのも都合がいいなって思っていたんです。これは、たまたまですが、Aちゃんとウチの子は習い事が一緒でして、雨の日にお稽古事に行くAちゃん親子を車に乗せてあげたんです。それからというもの、毎度毎度、当てにされてしまい、気が付いたら、私はAちゃんママの運転手状態です……」

こういう悩みは、小さなお子さんを持つママたちから、沢山聞いています。茜さんに「断ればいいだけじゃん！」と言うのは簡単。「嫌だと言えたら、どんなにいいだろう」とは茜さんも思っています。これは、わが子が絡むだけに、「お断りしたこと」がどう巡り巡っていくのかが読めないから、悩むんですよね。

Aちゃんと娘の関係が悪くなって、娘が仲間外れにならないか？
Aちゃんママに悪口を言いふらされて、親子共々、幼稚園に居づらくならないか？
子ども同士は小学校も中学校も同じ学区なのに、親の揉め事が子どもに悪影響を及ぼさないか？

などなど、茜さんの脳内には「断ったら、とんでもない目にあう」という映像しか浮かんできません。

もしかしたら、断ったことでスッキリする未来が待っているかもしれないのに、こういうときは、大抵の場合、ネガティブ思考に陥りがち。

茜さんに限らず、親切心から始めたことなのに、ときが経つにつれ、それをやることが当たり前のように受け取られ、モヤモヤしている方は沢山いることでしょう。


こういう方は「困っている人を見過ごせない」という人です。人間的にも素晴らしい人であるのは間違いないです。けれども、理不尽なことに、こういうやさしい人に限って心身の不調に見舞われやすいのも、また、事実。

例えば、職場で「シフトを代わって欲しい」と頼まれやすい人。「次の日曜は私も休みたいんだけどなぁ……」と思っていても、ついつい引き受けてしまうとか――やってしまいがちじゃないでしょうか。


頼まれやすいというのも、ひとつの長所ではありますが、度が過ぎるのは問題。自分のことよりも他人を優先してしまう傾向がある人は要注意ですよ。「他人ファースト」が積み重なってくると、自分でも気が付かないうちに、気疲れが溜まってくるんですね。そうなるとどうなるのかと申しますと「不調」になります。

やはり、自分の本心をいつもいつも置いてきぼりにしちゃダメですよ。

もしかすると、「断ったら申し訳ないような気がする」「自分が無理すればできなくはない」の中には「常にいい人って思われたい」って気持ちが隠れているのかも？

「いい人」でいることにちょっと疲れちゃったときは、気持ちの整理が必要です。

それは、自分と他人との境界線を引くこと。

茜さんが困っていたAちゃん親子を車に乗せてあげたのは、茜さん自身の気持ちの表れ。

毎回、乗せてあげていたのも茜さん。見過ごすことができなかったという、持ち前の親切心から出た行動だと思うわけです。

一方で、Aちゃんママからの「感謝の気持ち」を見てみましょう。茜さんの好意を当然のことと受け取るAちゃんママは、傍《はた》から見ても残念な人ではありますが、こればかりはどうしようもありません。感謝の気持ちを持つ・持たないも、伝える・伝えないも、Aちゃんママの自由ですから。

Aちゃんママに茜さんが望む気持ちを強要することはできないんですね。なぜなら、茜さんとAちゃんママは違う人だから。

茜さんができるのは「自分はどうしたいのか？」の答えを出すだけです。

「もう、金輪際、Aちゃん親子を乗せたくない」でもいいし、「大雨などのイレギュラーなときならば引き受けてもよい」でもいいし、「乗りかかった船だから、卒園まではこのままで行こう」でもいい。

大切なのは、自分の今の本当の気持ちです。

乗せてあげたければ乗せればいいし、今日はそんな気分じゃないならば断ればいい。何事も、1回やり始めたならば、ずっとやり続けなければならないというのは「思い込み」です。日常は、もっとフレキシブルでいいし、その日の気分でいいと思いますよ。

もちろん、枝葉のことまでを考えて、現状どおりでもいいと思うなら、それもひとつの決断です。

ずっと親切を続けることが、いい人の基準というわけでもないですし、そこに意味付けをしなくてもいいと思うんですよ。

要は、自分がやりたければやればいいし、余裕がないなら、やらなくていい。私が言いたいのは、相手が自分の望む、あるいは自分が常識と思う行動を取らないからといって、そこにとらわれていると、自分が苦しくなるだけだよってことです。

人の気持ちはどうにもできないです。変えられない、どうしようもないことをアレコレ思い悩むのは、時間がもったいないです。仮に「なんだかなぁ……」という態度を取る人に遭遇したとしても、「私とは考え方が違うなぁ」「こういう人なんだな」とだけ思って、スルーするようにしていくほうが、モヤモヤが少なくて済みますよ。

私は施術室で茜さんの悩みを「うんうん」と聞いていたのですが、ある日、茜さんから報告を受けました。

「ようやく、Aちゃんママに言えたんです！『ごめん、もう乗せてあげられない！』って。理由は、すみません、先生を使っちゃいました。『鍼灸院の先生に、こんなに具合が悪いのに車の運転するの？』って言われたって。自分の家族は仕方ないけど、よそ様を乗せるのは自信がないからって。もちろん、Aちゃんママは執拗《しつよう》に『ウチは全然、気にしないから！』って言い張ってたんですけど、『無理！』の一点張りで押し切っちゃいました。でも、すっごく怖かったです！」

そうですよね、人間だから、もしかして、これがキッカケで仲間外れになったら嫌だなと思いますもの。でもね、そんなことで去っていく仲間なら、そもそも友だちにならなくてよくないですか？　悪口を言いたい人には言わせておけばいい。

それよりも、自分の意思を大切にしましょ。何よりも、自分がどうしたいのか？が大事なんです。自分の気持ちは自分にしかわからない。自分の気持ちを大切にできるのも、また、自分しかいません。自分の気持ちは自分で立て直すしかないんですね。

でもね、大丈夫。それで関係性が切れたとしても、そうすることによって、またいいご縁がきますすから。

その後の茜さんの交友関係ですが、Aちゃんママは、速攻、別の人に鞍替え。送り迎えをしてくれる人を見つけたようです。心配された茜さん親子の仲間外れの件ですが、そのような動きは見られず、幼稚園や習い事で会えば、皆さん、普段どおりのお付き合いをしてくれたといいます。

「小学校ではAちゃんとは別のクラスになって、今では、全く交流がないです。あのとき、あんなに悩んでいたのが嘘みたいに平和な毎日です」と笑顔の茜さんです。

「他人の期待には、常に応《こた》えなければならない」を自分に課している人は、期待に応えられない自分自身に罪悪感を持ちますが、期待する側の人は、Aちゃんママのように、意外と切り替えが早いものです。「自分がやらなければ！」というのは思い込みです。

他人への親切は、余力があってやりたいときのみ。モヤモヤするくらいなら、無理にやる必要はないのです。

「やりたいから、やる！」「やりたくないから、今はやめとく！」

良い意味での「自分ファースト」は、モヤモヤを吹き飛ばす原動力になります。

テイク
ギブ

#09

あの人ばかりズルい！この世は不平等！と怒るあなたへ

#自分だけが損をさせられている　#みんな同じ
#惨めに思えてくる　#自分に足らないこと

鍼灸にはリラックス効果がありますから、施術室では普段は口にしないであろう〝本音〟がこぼれてしまうこともよくあります。

茉莉《まり》さん（37歳）が呟きます。

「人生って不公平ですよね。〝持っている〟人が何もかもをさらっていく……」

ルックスがいい↕悪い、リッチ↕プア、優秀↕平凡、運がいい↕悪い、幸せ↕不幸せ……などなど、人間というのは自分と他者を比べてしまう生き物かもしれません。浅い付き合いの人ならば、そこまで引きずらないとしても、関係が深くなると話は別。

目にするたびに気分も段々と滅入《めい》ってきたりするものです。

「なんでなんですかね？　あの人ばっかりズルいって思っちゃうんですよ……」と茉莉さん。

そうですよね。うまくいっているように見える相手がいて、そうではない自分がいると、自分だけが損をさせられているように思えてきて「なぜ、あの人だけ？　そんなのおかしいじゃない！」と心は波立ってしまいがち。それというのも、古代より群れで暮らしてきた人間には、異質なものを危険と認識して排除しようとする性質があるのだそうです。つまり、人間は「みんな、同じ」ということで安心を得る動物だということです。

また、ある研究では、日本人はアメリカや中国の人と比較して他人の足を引っ張る傾向が強いという結果が出ているようです［大阪大学社会経済研究所の西條辰義教授（現京都先端科学大学特任教授）らの研究より］。

さらに、私たちは幼い頃から「皆、平等！　皆で仲良く！」と言われ続けてきたせいもあるのでしょう。それが「当たり前」のはずだから、ひとたび「平等理論」が崩れると、途端に「こんなの、不公平！」とばかりに、他人を引きずり降ろすことに夢中になる人も出てきます。これらが「出る杭を打ちたくなる」という心理の真相かもしれません。

無論、褒められた行為ではありません。誰かの足を引っ張ってみても、自分の価値が上がるわけではないからですが、それ以上にまずいのは、ふとした瞬間に、今の自分がものすごく惨めに思えてくることです。

人を攻撃するテンションと心を塞ぐ劣等感の間で気分の振り幅が大きくなることは、自律神経にとってはマイナス行為。自律神経のバランスが崩れるので、とっても疲れやすくなるんですね。

もちろん、人は生まれながらに平等であるという精神は素晴らしいことです。参政権や入試のように、公平で平等であるのが望ましいケースもたくさんあります。でもね、私は思うんです。「人生は元々、不平等」って。実際のところ、人は生まれる時代・国、性別、親、さらには容姿の違い、運動神経や貧富の差、先天的障碍の有無なども含め、自分で選ぶことはできません。自分ではどうにもできないことからのスタートが人生なのです。

身も蓋《ふた》もない言い方ではありますが、まずは、この事実を先に認めてしまったほうが、ラクに生きられますよ。

さらに申せば、人生は自分が満足だと思えればそれでいいのであって、人のジャッジは必要ないんですね。逆に言えば、人の人生をああだ、こうだと批判している暇があったら、自分のことに時間を費やしたほうが「生きてて良かった！」になりやすいです。すべての物事は「自分がどう思うのか？」で成り立っています。究極、自分次第なのです。

先日、患者さんからこんな話を聞きました。彼女は京都の天龍寺庭園に行き「山水に得失なし　得失は人の心にあり」という言葉を知ったと言います。これは庭園を造った室町時代初期の禅僧である夢窓国師の言葉で「自然に善いも悪いもなく、これを美しいと見るか見ないかは、その人の心にある」という意味だそうです。

ときには、海でも山でも近所の公園でもいいから出かけてみて、自然に包まれてみてください。深呼吸をしながら、あらゆる景色に善いも悪いもないんだなということが感じられたらいいですね。

自分に足らないことばかりを考えても、憂鬱《ゆううつ》になるだけです。人と比べたところで仕方ないことも沢山ある、なったものはしょうがない、深く考えない、明日は明日の風が吹く！　くらいに、ある意味、上手に割り切ったほうがいい意味で頑張れたりもするものです。

不安沼から抜け出すレッスン

腕を前後に振る

何かを「あーでもない」「こーでもない」と悩んで、堂々巡りになったときは、その場で立って腕を前後に大きく振りましょう。そのとき、リズム良く数をカウントしてください。数をカウントしているときは、それに集中するので、余計なことを考える余地がなくなるんですね。当然、血流も良くなりますから、体もポカポカしてきます。

私は、仕事前にこれを500回ほど行っていますが、体の中から「ヨシ！　やるぞ！」という不思議なパワーが湧き出てくるんですね。500回は必要ないですが、肩回りが少しラクになったかなくらいの回数を行えば、その間は悩みからとりあえず解放され、嫌な気持ちも少しは治まってくるでしょう。

悩んでも、いいアイデアが浮かばないときは、そこから離れて、体を大きく動かしてみる。

そうすることによって、血の巡りが良くなるので、次の瞬間、今までとは違った角度から悩みと対峙できるようになるかもしれません。ぜひ、お試しを。

#10 家族の世話で疲れ切り、倦怠感で動けなくなったあなたへ

#お世話問題　#役割を全うしようと頑張る
*この人がいないと回らない？

人間関係というのは実にままならないものですが、その中には家族も入ります。一般的には、血縁と婚姻を基礎として共同生活を営む集団が家族と定義されますが、やはり、人間同士。接触が多くなると、どうしても摩擦が多くなってしまいます。家族それぞれに言い分はあるでしょうが、女性陣の悩みをうかがっていると、その多くが「お世話問題」だということに気付かされます。

女性は妻として、母として、嫁・娘としての役割を背負うケースが多く、しかも、そのほとんどが無償労働。それだけでも感謝されてしかるべき存在ですが、その役割を少しでも果たさないとなると家族からは非難ごうごうでしょう。多くの女性たちは、

家族からの期待も十分に感じていますし、何より自分自身でその役割を全うしようと頑張る率が高い生き物だと思います。

百合子《ゆりこ》さん（51歳）が施術室でグッタリと横たわっています。メンタルクリニックでうつ病と診断されたそうです。

「先生、薬を飲んでも良くならないんです。最近は倦怠感がひどくて思うように動けません」とおっしゃる。

聞けば、百合子さんはここ何年も、70代のご両親の元に通い、通院や買い物の付き添い、愚痴の聞き役などを担《にな》う生活を続けていると言います。

「私にも家庭があって、そっちの世話もしないといけないので、実家に行けない日もあります。ところが、そうなると、母からの電話攻勢が始まるんです。出ないと出ないでパニックのようになるので、いい加減にあしらってはいますが、こんなにだるくては親の世話も無理ですし、子ども（高校生）の面倒も見られない。なんで、私、こんなに壊れた体になっちゃったんでしょう？　本当に情けないです……」と百合子さんが力なく呟きます。

百合子さんのような方は本当に多いです。自分に責任がないところで、勝手に不調になってしまったという思考になっている人という意味ですが、ある日突然、不調が現れて健康を奪っていくわけではありません。人の身体は勝手に壊れるのではなく、きちんとした原因があるのです。しかも、キッカケはすごくシンプル。

「疲れを溜めたら不調になる・気が病んでくる」
「働き過ぎたり、寝不足になると動けなくなる」

不調の原因のほとんどがこれに由来しています。

百合子さんもそうですが、頑張ることができる人って、自分の生活習慣や気質が原因で体が限界を迎えたことに気付かないいんですね。

大抵の場合、体が先に悲鳴を上げます。「だるい」「眠れない」「胃腸の調子が悪い」「頭痛がひどい」「体がむくむ」「めまいがする」「皮膚がかゆい」「手足がしびれる」などなど、体のありとあらゆる箇所に不具合が発生します。病院に行っても、これといった疾患はないので、多くは「不定愁訴」と言われ、対症療法をされると思います。それで治れば万々歳ですが、根本原因が解決されない限りは、不調は完全には消え去ってくれないということになりやすい。そうこうしているうちに、今度は「心の不調」に見舞われたりするのです。体の具合が悪ければ、当然メンタルもダウンしていきます。体と心は一体なのです。

私からの百合子さんへのアドバイスはこちらです。

「働き過ぎ・根を詰め過ぎ・頑張り過ぎでこうなったんだから、今はしっかり休みましょう」

しかし、百合子さんはひとり娘としての責任感からか、「いいえ、休んではいられません。早く治して、両親の世話をしなければ（でも、体が動かない）……」と無理にでも起き上がろうとするのです。

世の中に「この人がいないと回らない」という任務はありません。任務は〝適任者〟とされた人に任せられやすいですが、その人がいなくても、なんとかなるのが世の常です。「自分が！　自分が！」は要らぬ幻想です。

物事はすべてバランスですから、やり過ぎたと思えば引くしかない。人は生身なんです。体を壊してまでするお世話は美徳でもなんでもありません。もしツラいのならば、自身が作っている「良き妻・良き母・良き嫁・娘」の習慣から自由になりましょう。

その後、百合子さんはご両親の元に行く回数を月1回に減らしました。電話の件も、夫から「しばらくの間、控えて欲しい」と伝えてもらい、高校生の息子には「卒母宣言」をしてお弁当作りをやめたと言います。

結果、誰も何も困っていないとのこと。息子は必要な際には自らお弁当を作り、夫も家事に協力してくれるようになり、懸案の両親も「ふたりでどうにかやっている」そうです。

「連絡手段として、息子が祖父母に携帯メールの打ち方を教えたので、今はそれが連絡手段になっています。愚痴までは打ち込めないらしく、業務連絡だけなので助かっています（笑）」

半年が過ぎ、ようやく百合子さんにも笑顔が戻ってきたようです。

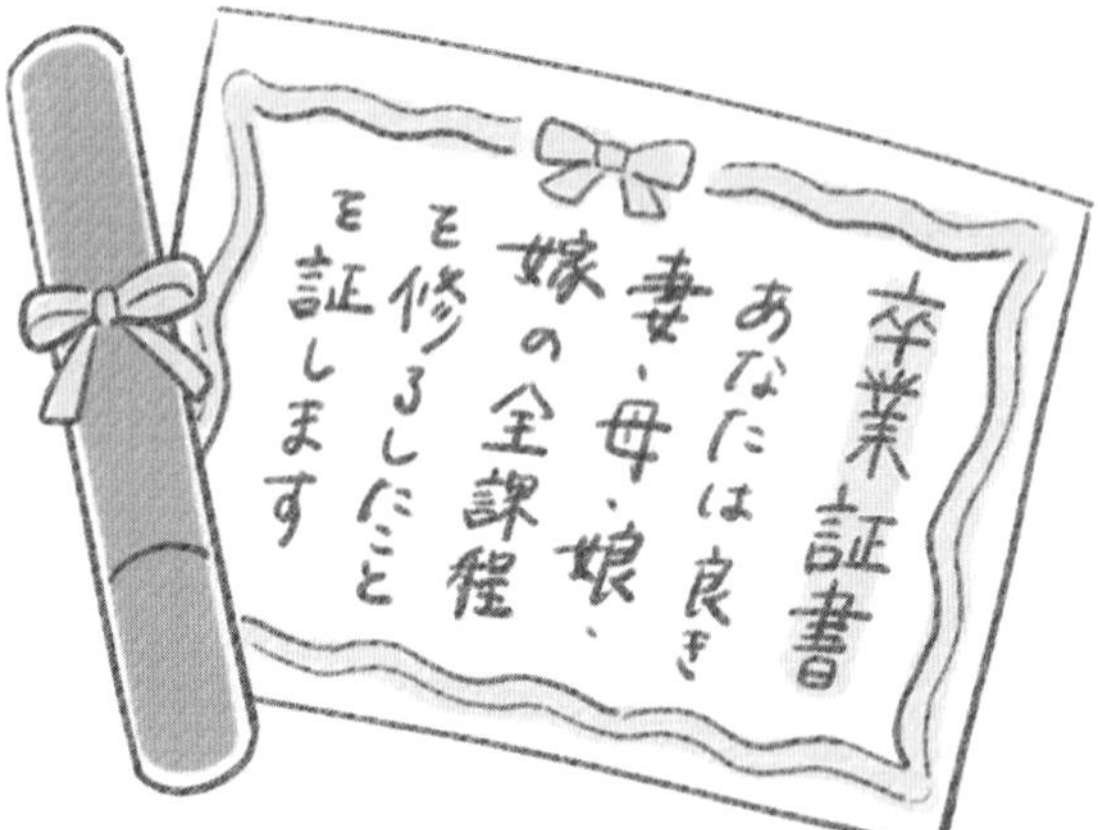
卒業証書
あなたは良き
妻・母・娘・
嫁の全課程
を修了したこと
を証します

不安沼から抜け出すレッスン

表情筋を動かしてみる

顔は心を映す鏡とも言います。鏡を見て「疲れてるなぁ、私」と思ったときには、顔の表情筋を動かしてみるのがお勧め。

まずは目を上目遣いにして、まぶたの筋肉を上げてみる。これだけでも目がパッチリします。口角もニコッと上げてみましょう。さらに時間があればマッサージも。おでこ、こめかみ周辺、口周りなどを両手の人差し指・中指・薬指の3本でグルグルと円を描くように揉みほぐします。やさしい力加減で1日、1分程度で十分。

表情筋のマッサージは血行が良くなるので、肌の弾力アップにつながります。筋肉が適度にほぐれることで、こわばりも解消できますよ。

顔全体が上がると気分も上がります。顔の表情が明るくなるだけでも、不安な気持ちが遠ざかります。女性にとっては「外からのケア」も大事なことです。

#11

親友から突然の「縁切り」をされて戸惑うばかりのあなたへ

#突然距離を置かれる　#本心はその人にしかわからない
#執着は万病のもと　＊人は摩擦で成長する

施術室にいる環奈《かんな》さん（33歳）の涙が止まりません。聞けば、仲が良かった友だちから突然、距離を置かれるようになったとのこと。

「彼女は学生時代から一番長く付き合ってきた親友で、なんでも言い合える仲だと信じていました。お互い、定期的に連絡を取り合い、遊びに行っていましたし、先月も会う約束をしていたんです。でも、彼女の都合でキャンセルになって。それでリスケの連絡を入れたんですが、音信不通で……。調べてみてわかりました。SNSが、すべてブロックされていたんです」

環奈さんは、親友がなぜ、自分をブロックしたのかについては、今ひとつわからないと言います。それでも、親友が自分から離れたのは事実。悲しくて、寂しいし、おまけに大切な人から自分を否定された気持ちもしてくるでしょうから、感情があふれてしまうのもわかります。

「せめて、私のここが嫌だったというような明確な理由がわかれば、まだ納得できるのかもしれませんが、今は『どうして?』って戸惑いのほうが大きくて、全然、受け止められません。このまま、疎遠になるしかないんでしょうか。今はただ、悲しくて仕方ないんです」

環奈さんが言うように、人間、理由がわかればある程度は納得できますから、「なんで?」と思うのも自然なことですし、人生の節目を共に過ごしたような親友であれば、なおさら「どうすれば元に戻れるの?」と考えるのも無理はないです。

ただ、環奈さんと距離を置こうとした親友の本心はその人にしかわからないので、アレコレ考えたとしても全部が推測の域を出ません。親友との交流が復活するかどうかは現時点では親友次第。環奈さんが嘆く気持ちは当然ですが、相手の心を変えることはできないのですから、これ ばかりは仕方がないことだと思います。

人生のステージは変化していくのが当たり前で、取り巻く環境も人それぞれに動いていきます。かつては同じものを見て笑い合えた人とも、ときと共に道を異にするのは自然の流れ。ステージが変われば、共通だった興味関心の熱量も同じではなくなります。人間関係は、本当に思いもかけない些細な行き違いで、簡単に消滅したりします。これは、どちらが悪いという問題ではなく、単純に〝卒業〟を迎えたということだと思います。

人間関係は「ご縁」です。ご縁の糸は結ばれたり、ほどけたりするものです。理由はあってないも同じ。「なぜ、出会ったんだろう?」と考えても、「出会ったから出会った」という答えしかないように、「なぜ、離れたんだろう?」も、あえて言うならば「そういう定め」でしかありません。

〝定め〟に対してジタバタすることを〝執着〟と呼びますが、実は「執着は万病のもと」なんです。他人への執着は疲労を招くだけで、身体にとっては百害あって一利なし。他人の心変わりを期待して、アレコレ悩み続ければ続けるほど、身動きできなくなるので、ものすごく疲れてしまうんですね。執着を手放したら、それが幅を利かせていた分だけのスペースは空きます。すると、意外と時間もかからず、そのスペースはまた別の何かで埋まるものです。

ショックなことが起こったのですから、親友に対して「一方的でなんて無礼なヤツ！」と怒るのも良し、第三者に愚痴るのも良し、泣き濡《ぬ》れてもいいと思います。感情を発散するのは身体にとっても、とても良いことですから。でも、それも「しばらくの間」にしてください。あまりに尾を引くと、ダメージがより深くなってしまいます。

少し感情が落ち着いてきた頃には「ご縁があれば、またつながれるし、このまま疎遠になっても仕方がない」と少しずつ割り切れるようになっていきますから、できれば期限を決めて、「このときまでには、私は立ち直る！」と決意してみてくださいね。

人付き合いに疲れたとしても、人は摩擦で成長していく生き物。逆に言えば、揉まれないと成長しないのですが、これも成長の証です。

そして、人間関係は「去る者追わず」が鉄則。友と過ごした楽しい思い出は心のファイルに保存して、友とは「再び交わるも良し、交わらずとも良し」のフラットな精神で、自分自身を生きていきましょう。

不安沼から抜け出すレッスン

白《さ》湯《ゆ》か常温の水を飲む

水分補給は、季節に関係なく、本当に大事です。成人の体の約60%は水分。水には、体温調節の他にも、栄養や酸素を体に運ぶこと、そして老廃物を体外に運び出す役割があります。よって水分不足は体温調節機能障害や血液の循環不全を起こし、体に致命的なダメージを与えてしまうのです。

水なしでは私たちは生きていけないってことですが、自動的に補給されるわけではありませんので、意識して自分で飲むようにしなければなりません。

では一体、どのくらい飲めばいいのかですが、汗や便、尿として体外へ排出する分も考慮に入れると、お勧めは白湯か常温の水を最低でも1リットル／1日（体を冷やしてしまうので冷たい水はNGです）。朝起きたら200～300ミリリットルを摂取し、残りはこまめに飲むようにしてください。カフェインやアルコールには水分を奪ってしまう利尿作用があるので、ほどほどに。

水を飲むことは健康維持の基本。ぜひ、習慣にしてくださいね。

#12

誹謗中傷書き込みに「ざまーみろ」と思ってしまうあなたへ

#妬み嫉み僻み　#満足できない自分
#自分と戦うのが一番疲れる　#成長へのキッカケ

あるとき、芽衣《めい》さん（44歳）から相談を受けました。

「先生、どうしたら他人のことが気にならなくなるんですかね？　もう、私、会う人見る人、全員に嫉妬してるんじゃないかって思うくらいです」

詳しく説明してもらったところ、芽衣さんの心には「妬《ねた》み・嫉《そね》み・僻《ひが》み」が渦巻いているそうです。

「この人、お金持ちなんだなと思うと激しく嫉妬しちゃうし、事業で成功してますなんて人を見ると『失敗すればいいのに』とか思っちゃう。人の不幸を願うなんて最低ですよね……」

最低かどうかと尋ねられたら、最低です。なぜかって言えば、それはその人自身を幸せにしない行為だから。でも、どんな気持ちにも理由があります。人の不幸を願う気持ちの裏には、「満足できない自分」の現状があるんですね。

芽衣さんは嘱託社員ですが、彼女の話によると、仕事内容は正社員とほとんど変わらないのに、給与や福利厚生の面で大幅な差があるのだそうです。

「私の人生、ずっとこのままなんだなぁって思うと虚《むな》しいっていうか……。なんか人生、全然うまくいかないです」

ストレス発散の方法を聞くと、芽衣さんはこう言いました。

「先生だから正直に言いますが、有名人の不祥事とかがあるじゃないですか？　その誹謗中傷の書き込みを見ながら『ざまーみろ』って思う自分がいるんです。もちろん、わざわざ書き込んだりはしてないですよ。でも、それ見て『ホラ、皆、そう思ってい るじゃん！』って溜飲《りゅういん》を下げるっていうんですか？　あ～あ、言っててまた虚しくなってきました……」

ストレス発散の方法は人それぞれで自由ですが、後で虚しくなるのであれば、効果的な気晴らし方法ではないかもしれませんね。

芽衣さんが言うように自分のことが最低に思えて、だから何もかもがうまくいかないという考えに縛られると、やはり幸せは遠ざかっていくように思います。では、どうするか？　ということになりますが、まずは妬む自分、僻む自分を認めるってことです。幸運なことに芽衣さんは「ああ、私、今、人を妬んでる」ってわかっているのですから、第1段階はクリアです。

次に起こす行動は「許す」です。

人間に生まれて、妬み・嫉み・僻みの気持ちを持たない人はいないでしょう。自分に持ち合わせがないものを持っている人を見て、それに羨ましさを感じたら、誰だって「いいなぁ」って思うものです。自然な感情ですから、そこは自分を責めなくてもいいと思うんです。自分自身の素直な感覚までを否定する必要はないんですね。

なぜなら、自分と戦うのが一番疲れるから。自分の感情を否定したら一番ダメージを受けるのは自分自身なんです。いつだって、どこにいたって自分は自分の一番の応援団でいなくてはいけないんですよ。こんなときは「うん、しょうもない自分だけど許そう」と思ってください。

そして、これをいつまで繰り返すんだろうと思ったときが、成長のチャンス。人間、沈んだら、浮いてくるしかないんですよ。それまでは、僻んだり、妬んだりと、ドップリと沼にハマるのもいいと思います。

やがて、今の芽衣さんのように、その〝沼底暮らし〟に疑問を持つ日が来ます。そのときには「これは好機到来！」と捉えることが大事です。批判や妬みの気持ちを

「わかってるよ」と落ち着かせたならば、「さぁ、自分のことを見直してみますか！」と考えるようにして欲しいんですね。

他人の成功は、その人の才能と努力の時間の結晶。でも、他人は他人でしかないのですから、とりあえず、他人様のことは脇に置いておきましょう。

ここまで来たら、次は第3段階です。

私は芽衣さんに伝えました。

「自分を見つめる訓練をせよ」と。「自分の足りないところ、そして良いところを真剣に考えよ」と。足りないところを考えるのは自分を蔑むためではなく、むしろ、その逆。未来を力強く生きるためのステップです。

さらに「いいなぁ、こうなりたいなぁ」と思っている人に、どうやったら近づけるのかを考えてみるのもいいですね。何をどうすればその人に1ミリでも近づけるのかを考えてみるってことです。本当は、自分はどうしたいのか。どうなりたいのか。目指したい方向は何なのか？　憧れの人のようになりたいなら目指せばいいし、目標にすればいいんです。たかが1ミリ、されど1ミリです。その人と比べて、ただ妬むだけだったり、「私にはどうせ無理」と決め付けて生きるのは、あまりに人生もったいないよってことです。

羨ましく思う他人の存在は、実は自分自身の成長へのキッカケです。あの人のようになりたい、あの人のレベルに近付きたいと願うための他人との比較ならば、むしろ大歓迎。

さあ、自分を励ましながら、進化していきますよ！

テニスボールでさする

体って、自分が思うよりも頑張ってくれているので、疲れやストレスを溜めていることに気が付きにくいんです。知らず知らずのうちに緊張してしまい、ガチガチに硬くなっていることが多いのですが、これは血流が滞っている証拠でもあります。

血の流れを良くすることはとても大事。血液が滞りなく全身に巡ると、疲労物質の回収が行われ、体全体に酸素と栄養が行き渡ります。そのためにできることは、体をさすること。手でもOKですが、できれば100円ショップなどに出向いて、テニスボールを1個だけ調達しましょう。これを手に持って、まずは腕をさするように動かします。余裕があれば、肩や足、胸の前あたりもさすってあげてください。鎖骨周辺、脇の下もリンパが流れているので、ボールを使って撫でるイメージで。

これだけでも、冷えや肩こりに効きますし、不調が緩和されたりしますから、気が付くたびにやるといいですよ。

#13

出世した夫に比べて私は無価値な人間と卑下するあなたへ

#夫が憎らしい　#感情に白も黒もない
#目に見える形で成果を上げないと無価値

施術台の萩子《しゅうこ》さん（49歳）が「先生、私、二重人格ですかね？」と涙声で言いました。

「夫が出世したんです。もちろん、わが家にとっては喜ばしいことです。夫を笑顔で称《たた》えました。会社員にとっては出世はすごいことですから。でもね、私、本心では全然、嬉しくないんです。なんかわかんないですけど、夫が憎らしくて。あの人は自由に頑張れて、成果を上げて……。なんだろう、悔しいとも違って、イラつくような、落ち込むような。普通の妻なら心から喜べるのでしょうが、私、普通じゃないですよね。妻のお腹の中が真っ黒だと気付いたら、夫もショックでしょうね」

患者さんの中には「私、真っ黒なんです」「心の中はドス黒さ満載です」とおっしゃる方もいます。自分の中にあるネガティブな感情を称して「黒」と表現されるのだと思いますが、あえて言わせてください。

「感情に白も黒もない！」

白とか黒とか自分勝手に色分けするからツラくなるんです。人間には色んな感情があります。多面体であるのが人間なんです。普通とか、普通じゃないというジャッジも必要ないです。人の感情は単純ではありません。それどころか、複数の感情が同時に芽生えるほうがむしろ自然です。

例えば、子どもの巣立ち。子どもが成人式を迎えた、あるいは結婚式があるという患者さんは異口同音におっしゃいます。

「嬉しいけど、寂しい」

と。一見するだけでは相反する気持ちですが、これを二重人格とは呼びません。百歩譲って「白黒」言うとするならば、白も黒もあっていい、心はグラデーション。だからこそ人は愛おしい存在なのです。勝手に色分けして「黒い自分はダメだ」と責めないでください。どの気持ちであっても、全部、自分から出た正直な、そして大切な気持ちです。

萩子さんは最近、お子さんが独立し、家を離れたそうです。夫は企業戦士で多忙。更年期からくるホルモンバランスの乱れと、〝空《から》の巣症候群〟が、ダブルで襲ってきたことも大きいのでしょう。

「自分なりに一生懸命やってきたつもりなんですけど、私には何もなくて。結局、私ってなんの価値もないですよね……」

誰も褒めてくれなかったり、励ましてくれなかったり、生きる意味が見出せなかったり、あるいは、置かれた環境がホームではなくアウェイに思えて居心地が悪かったりすると、気分は塞いでいきます。自分の存在を認めてほしいと願うのは、誰しもが持つ感情ですから、誰からも肯定されない自分を感じるのは、実際やるせないと思います。

また、世の中では常に目標を持ち、それに向かって行動することが善しとされる面があるので、目に見える形で成果を上げなければ「無価値」と切り捨てられるような気持ちになることもあるでしょう。

けれども、私はこれまでの人生で「価値がない人」に出会ったことがありませんので、萩子さんに対しても、お子さんを育て上げた立派な女性に思えます。ただ、これればかりは本人の気持ち次第。もし心から「無価値」だと思うのであれば、ここで「なぜ、自分に価値がないと思い込んでいるのか?」をハッキリさせてみると、何かが変わるかもしれません。

意外と突き詰めて考えたことはなく、「報われない自分」に対して漠然としたNG

を突き付けているだけの可能性がありますから。

「幽霊の正体見たり枯れ尾花（＊）」ではないですが、人は自分の中にある説明できない感情を不安に思う習性があるんですね。「このモヤモヤは何？」と思うと、同時に恐怖にも不安にも変換しがちなんです。であるならば、自分を取り戻すために対応策を取るのが有効です。

可能であれば、その気持ちがどこからきているのかを見つめてみる、ということをお勧めします。まずは自分の心に問いかけましょう。「何を不満に感じているの？」と。感情を明瞭に表現できるようになると、ちょっと安心できますよ。

さらに、自分との対話を続けてみてください。あなたの頑張りや我慢と引き換えに手にしたものも、きっと多いはず。誰であろうと、年をそれなりに重ねているというだけでも頑張ってきたってことなんです。

萩子さんはすでに何気なく呟いています。「自分なりに一生懸命やってきたつもり」と。そう、精一杯やってきたんですから、そこは自分を素直に褒めましょう。

もしも、不可解な感情が湧いてきたならば、それはダメなあなたの「失敗」ではなく、シンプルに人生の「休憩」と捉えてください。気力が湧いてくるまでには時間薬も必要です。小鳥が止まり木につかまって羽を休めるように、あなたがあなたでいるために、ひと息つくことも大切です。

心に色んな感情があるように、体にも様々な症状が出てきます。頑張ってきたからこその「疲れ」でもあります。

白の黒のと戦わず「もう少し適当でもいいか」と思えた先には、霧も晴れていることでしょう。

＊幽霊だと思って怖がっていたものをよく見ると、風に揺れる枯れすすきだった。気味が悪いなと思うものも、その正体を確かめてみれば実は少しも怖いものではない、というたとえ。

足首を回してみる

体のためには運動がいい、とは頭ではわかっているものの、時間がなかったり、運動が苦手だったり、面倒くさかったり、何より疲れ切っていて縦の物を横にするのもだるいときがあります。そんなときは「足首回し」の出番！　なんたって、寝ながらできる運動です。

布団の中で、両方の足首をゆっくりと回すだけ。内回し5回、外回し5回だけでも、足首がいい感じに緩んで、全身の血流を改善する効果が期待できます。さらに余裕がある人はお風呂の中で、右足の指の間に左手を絡めるように入れて、左手を使ってゆっくりと足首を回してみましょう。

10回ほどやったら、今度は左足の番。血流が良くなるので、むくみが解消されます。

足首回しは代謝の要《かなめ》とも言われるお手軽運動。冷えの防止や免疫力アップ、さらにはシェイプアップにも効果あり。積極的にお試しください。

#14

過去に起こった事実に危害を加えられているあなたへ

#道でうずくまる　#フラッシュバック
#どうにかなってなんとかなって今がある

千草《ちぐさ》さん（46歳）は、心臓がやたらとドキドキして脈が速くなることが多く、眠れないので体が休まらない、というお悩みで来院された方です。なんらかの強いストレスから交感神経の働きが過剰になり、緊張状態に陥ってしまったために起きた症状だと思われます。リラックスしたくてもできない、というのはツラいものがあります。

この症状を招いてしまう人は、責任感が強く、真面目で我慢強く、したがって無理を重ねてしまう、という特徴があります。千草さんはまさにそれに当たりますが、もうひとつ、奇妙な症状に悩まされていると言います。

「普通に道を歩いているときでも、突然、過去の失敗のシーンが蘇ってきて、『ああああ！』って感じになってうずくまりたくなるんです」

聞けば、それは何十年も前の出来事の数々だそうです。

「勤めていた会社での大失敗もありますし、なんであんなことやっちゃったんだろうとか。つまり、やらかしてしまったことが突然、フラッシュバックするんです。それが、頻繁にあるので嫌なんですよね……」

生死に関するような強烈なトラウマにより、日常生活も困難になるPTSD（心的外傷後ストレス障害）の場合は、専門家の指導を仰いだほうが良いのですが、千草さんのように普段の暮らしの中で、過去の失敗を不意に思い出し、いたたまれなさに悶絶してしまうのはよくある話です。

人間は、憶えていなければならないことをたやすく忘れ、反対に、忘れていいことは執念深く憶えている面があります。しかし、その過去の嫌なシーンの目撃者であったはずの他人の記憶には、残っていないことのほうが多いものです。その人に問題のシーンを聞いたとしても「そんなことありましたっけ？」と真顔で返されるのがオチです。誰しもが基本、自分のことに一生懸命だからです。他人を気にしている余裕がないんですね。

けれども、そうは言っても当人にとっては消せない記憶。「あ〜、なんで!?」と激しい後悔だけを繰り返す羽目に陥ったりもします。

終わったはずの嫌な過去を現在進行形にして追体験しているのも同じなので、神経はそのたびに緊張し、血の流れを悪くさせます。いわば、自分自身で全身を痛め付けているわけです。

なるべくならば、このクセから逃れたいですよね。その方法は、究極的には「何も考えずに放っておくこと」です。「幸福への道はひとつしかない。それは、自分の力ではどうにもならないことについて悩むのをやめることである」という古代ローマの哲学者であるエピクテトスの有名な言葉がありますが、これができれば、あらゆることがラクになるでしょう。

しかし悲しいかな、私たち凡人にはいささかハードルが高いのも事実です。そこで提案します。

もし、不意打ちのように過去の嫌な出来事が襲ってきたら、上を向きましょう。上を向いたままでアレコレ考えるのは、実は人間は不得手なんですよ。首は繊細な部位なので、痛めないように気を付けながら、ゆっくりと天を見上げましょう。まずは「必要以上に考えない」という練習です。

今度はその「嫌なヤツ」に告げてください。「あら、過去さん、また来たの？　でも、私はおかげさまで今を生きられているから大丈夫よ！　私、あの頃のままじゃないから！」と。

嫌な出来事は「過去に起こった事実」でしかなく、今の自分に具体的な危害を加えるものではないことを理解します。誰にしたって、人生にはその人にしかわからない、小さなトラウマの粒があります。しかし、過去の苦い思いがあるあなたであっても、どうにかなって、なんとかなっているから今があるわけです。

先日、水墨画の先生とお話しする機会があったのですが、先生はこう言いました。

「水墨画って、書き直しができないので一発勝負なんですよ。でも、そこに失敗はないんです。失敗と捉えるのではなく、味だと思えばいい作品になります」

昔から、失敗は成功のもととも言います。すべては自分の捉え方次第。もちろん、最初は予期せず現れる過去に振り回されて、なんの進歩もないかもしれません。しかし、何度も向き合っていくうちに、少しずつ「過去を考えても、しょうがない」という気持ちになっていきます。

人生にはツラいときも沢山ありますが、人生とはそういうもの。ツラいときを乗り越えれば成長できるんだ、と自分を励ましながら生きることが大事です。人間は苦労しないと成長しない生き物ですが、ツラいことを乗り越えた先には成長が待っていると思います。過去のツラさは成長への糧《かて》。過去ではなく、未来でもなく、この瞬間を生きているのだという実感が持てたらいいですね。私たちは、今を生きているだけで大成功なのですから。

散歩してみる

運動と聞くと身構えてしまう人には「お散歩」をお勧めします。散歩は気軽にできるうえに、とても効果が高い健康法なんですよ。歩くだけで運動不足の解消になりますし、もちろんダイエット効果もあります。全身の筋力強化、心肺機能の向上にもつながり、免疫力もアップします。

一番の推しポイントは「ストレス解消」。散歩をするだけで〝幸せホルモン〟であるエンドルフィンやセロトニンが分泌されるんです。この神経伝達物質は軽い運動や深呼吸、リズム運動などによって分泌が促されるのですが、ストレスを和らげる効果があると言われています。これによって脳も活性化されるというわけです。

考えが行き詰まったときなどに、気分転換がてら、街の風景を見ながら散歩してみてください。新たな発見があるかもしれませんよ。

あとがき【あつこ先生の患者のひとりである鳥居りんこ（聞き書き担当）より】

前作『女はいつも、どっかが痛い』に続き本作に携わることができ、とても光栄です。しかし、私は相変わらずいつも「どっかが痛く」さらに申せば「何かが不安」で、もっと言うなら「黒感情でドロドロ」です。なんだか「私はいつも、どっかが不満」なのです。

それというのも、お調子者の性格のせいで頼まれたら断れず全力対応。いやいや、下手すると頼まれてもいないうちから空気読んで「任せて！」と手を挙げていることすらある。それでいながら、「感謝もされない」「やって当然だと思われた」「恩を仇《あだ》で返された」などとグチグチ言い出すから、交感神経は爆裂。挙句の果てには施術室で「あっちが痛い」「こっちがツライ」とぼやく始末です。

あつこ先生は「うんうん」と頷きながらも、折に触れてアドバイスをくれます。

「人間関係の摩擦は人生の修行だよ」

「やりたいならやる。やりたくないならやめる。グチャグチャ考えない」

「問題は自分がどうしたいかだけ。他人は関係ない」

「〝気〟だってエネルギーだから、気の遣い過ぎはエネルギー不足になるよ」

「不調には、ちゃんと理由があるの。勝手に具合が悪くなるわけじゃない」


私は考えました。「そっかぁ。自分の気持ちだってよくわからなくなるのに、人の気持ちが思いどおりになるわけがないよな」「次から次へと沸き起こる不安や黒感情とどうやって付き合っていけばいいんだろう？」「今まで培ってきたわが身の頑固な思考グセだけど、変えられるのかな？」

それが知りたくて、本書ができました。

この気持ちに応えて奔走してくださった小学館の竹下亜紀さん、素敵な装丁に仕上げてくださった原田恵都子さん、見るほどにジワっとくるイラストを添えてくださったMONONOKE Inc.の渡邉杏奈さん。このチームで再び「あつこ本」を世に送り出せたことは喜びでしかありません。もちろん、あつこ先生には最大級の感謝を。

「生きづらい私たち」が抱える不安も黒い感情も、すべてが私たちの大切な一部。自己否定に走りがちな私たちですから「全部、丸ごと全肯定！」くらいが多分、丁度いい。あつこ先生がいつも言う「執着は万病のもと」「失敗は成功のもと」を胸に刻み、自分を生きていけばいいんですよね。

最後までお読みいただきありがとうございました。本書が心やさしいあなたの小さな小さな気付きになることを祈って筆を置きます。

鳥居りんこ

2025年3月

やまざき あつこ

1963年生まれ。藤沢市辻堂にある鍼灸院『鍼灸師 やまざきあつこ』院長。開業以来30年間、8万人の治療実績を持つ。中学校教員を経て鍼灸師に。1997年から2000年までテニスFedカップ日本代表チームトレーナー。プロテニスプレーヤー細木祐子選手、沢松奈生子選手、吉田友佳選手、杉山愛選手などのオフィシャルトレーナーとして海外遠征に同行。プロライフセーバー佐藤文机子選手、プロボディボーダー小池葵選手、S級競輪選手などの治療にも関わる。自律神経失調症の施術に定評がある。著書に『女はいつも、どっかが痛い』(小学館)。

『鍼灸師 やまざきあつこ』ホームページ
https://yamazakiasuko.com/

鳥居 りんこ（とりい りんこ）

1962年生まれ。作家、教育&介護アドバイザー。2003年、『偏差値30からの中学受験合格記』(学研プラス)がベストセラーとなり注目を集める。執筆・講演活動を軸に、現在は介護や不調に悩む大人の女性たちを応援している。近著に、構成・取材・執筆を担当した『1日誰とも話さなくても大丈夫　精神科医がやっている猫みたいに楽に生きる5つのステップ』(鹿目将至著、双葉社)、『消化器内科の名医が本音で診断　「お腹のトラブル」撲滅宣言!!』(石黒智也著、双葉社)など。鍼灸師やまざきあつこ氏との共著に『女はいつも、どっかが痛い』(小学館)。プレジデントオンライン、ダイヤモンド・オンラインなどのWEB媒体でコラムを連載中。

公式ホームページ「湘南オバちゃんクラブ」
https://note.com/torinko

YouTube「鳥居りんこちゃんねる」

Staff
ブックデザイン 原田恵都子（Harada+Harada）
イラストレーション 渡邉杏奈（MONONOKE Inc.）
校正 玄冬書林
DTP 株式会社昭和ブライト

黒い感情と不安沼

「消す」のではなく「いなす」方法

2025年3月5日　初版第1刷発行

著　者 やまざきあつこ・鳥居りんこ
発行者 石川和男
発行所 株式会社　小学館
〒101-8001 東京都千代田区一ツ橋2-3-1
電話（編集）03-3230-5125
（販売）03-5281-3555
印刷所 萩原印刷株式会社
製本所 株式会社若林製本工場

ISBN 978-4-09-311590-2

制作 浦城朋子・遠山礼子　販売 津山晃子
宣伝 山崎俊一　編集 竹下亜紀